领导财经丛书

领导税务学

领导财经丛书编委会 编

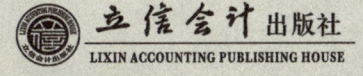

立信会计出版社
LIXIN ACCOUNTING PUBLISHING HOUSE

图书在版编目(CIP)数据

领导税务学/领导财经丛书编委会编. —上海：
立信会计出版社，2011.12
　（领导财经丛书）
　ISBN 978－7－5429－3147－4

Ⅰ.①领… Ⅱ.①领… Ⅲ.①税收理论 Ⅳ.
①F810.42

中国版本图书馆 CIP 数据核字(2011)第 254725 号

责任编辑　　赵新民　成姿娴
封面设计　　周崇文

领导税务学

出版发行	立信会计出版社		
地　　址	上海市中山西路 2230 号	邮政编码	200235
电　　话	(021)64411389	传　　真	(021)64411325
网　　址	www.lixinaph.com	电子邮箱	lxaph@sh163.net
网上书店	www.shlx.net	电　　话	(021)64411071
经　　销	各地新华书店		
印　　刷	常熟市梅李印刷有限公司		
开　　本	787 毫米×1092 毫米　1/16		
印　　张	13.5	插　　页	1
字　　数	193 千字		
版　　次	2011 年 12 月第 1 版		
印　　次	2011 年 12 月第 1 次		
印　　数	1—3 100		
书　　号	ISBN 978－7－5429－3147－4/F		
定　　价	28.00 元		

如有印订差错，请与本社联系调换

领导财经丛书编委会

主　　编　蔡　昌
编委会成员　兰青青　张小凤　黄海霞
　　　　　　于　洋　陈涤尘　马　良
　　　　　　鲍婷婷　沈　易　陈美玲
　　　　　　潘静思　王　洋　吕正伟

总　序

　　各级领导干部都是人民的公仆，代表人民行使国家赋予的权力。领导干部的这种身份和角色使得国家对他们的素质要求比较高，为了使各级领导干部更好地为人民服务，国家为此所花费的培养成本也比较高。但近年来，领导干部违法、违规和经济犯罪案件越来越多，一些被公认为"有前途、有能力"的领导干部纷纷落马。据不完全统计和分析，领导干部落马大多源于财经犯罪，这反映了一个问题：领导干部缺乏必要的财经素养和会计、税务常识。比如，单位在处理某些经济业务时，由于领导不懂基本的会计知识，让会计按自己的意思去做账，会计迫于领导的权威只好照做，结果就出了问题。像这样的单位领导，由于不懂得会计、税务的基本知识，对相关的财会制度和税收政策缺乏基本的了解，最终酿成大错，实在是憾事。

　　随着市场经济在中国的快速推进，上至政府部委高管，下至乡长村官，都迫切需要学习和掌握会计、财务、税务的基本知识。领导干部财经素养的缺失正成为制约他们工作效益的"瓶颈"。在我们平时所接触的领导干部乃至公司高管中，能看懂财务报表的人尚且不多，更不用说进行财务决策了。许多领导干部意识到了这一点，迫切希望学习一些实用的财经知识，增强基本的财经素养。凭借这

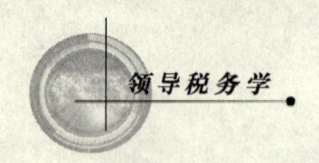

一契机,我们策划、组织编写了这套"领导财经丛书",本系列丛书共分三本:《领导会计学》《领导财务学》《领导税务学》。

本系列丛书属于针对广大领导干部和公司高管的财经普及读本,具有通俗实用、易学易懂的特点。不失为一道醇厚香浓的"财经鸡汤",既有丰富的财经智慧和理论精髓,又有大量的财经运作实践案例和宝贵经验。不仅可以给读者带来阅读上的喜悦,还可以通过案例阅读给人以醍醐灌顶的启示。

感谢翻开本套丛书的读者。开卷有益,希望您在这里汲取到财经智慧和经验,为您的前行助一臂之力。

"领导财经丛书"编委会

前　言

随着我国社会主义市场经济的不断发展和深化,税收的地位和作用变得越来越重要,比如,税收有助于资源的配置,可以调节收入分配、经济结构、需求总量,保证获取财政收入等。税收环境是企业进行生产经营的重要外部环境之一,是整个经营环境中的重要组成部分,我们的经济、生活等各方面都离不开税收。美国著名政治家、发明家本杰明·富兰克林就曾说过:世界上只有两件事情是不可避免的,一是死亡,二是税收。因此,税收成为企业不可避免要进行的一项活动。同时,由于税收是针对第一次国民分配的再分配,对企事业单位的生产经营活动有着直接或间接的影响。因此,改革开放以来,税制改革的步伐从来没有停歇过。现实迫使领导者越来越多地关注企业、单位等的税收情况,掌握必要的税收知识也成为领导者的迫切要求。

面对日益复杂、广阔无边的税收知识,领导者如何尽快地筛选出对自己有用的信息呢?哪些税收知识才是领导者进行企业管理、决策,指导生产经营活动所必需的呢?本书编委会在经过一番严谨认真的调查和分析后,最终确定了本书的框架结构和主要内容。同时,本书语言幽默风趣,内容言简意赅、贴近实务、案例丰富,使领导者在相对轻松的阅读环境下就可以掌握所需的税收知识。

　　本书内容具体分为六章,分别为:第一章"税收大势——领导如何把握税制变迁",本章主要讲解中国税制改革的趋势,以及税收对国家、社会及企事业单位的影响等,有助于领导者理解其所处的税收环境;第二章"税收'大家庭'——领导如何掌握现行税制",本章主要介绍我国的税制体系,并对目前开征的主要税种进行分析,有助于领导掌握和了解税法的精髓;第三章"精耕细作——领导如何管理合同和发票",本章主要介绍经济活动中合同和发票的涉税管理要求与管理方法,有助于领导者掌握有关涉税凭证的管理技巧;第四章"税收筹划——领导如何学会节税",本章主要讲解税收筹划的基本原理及方法,帮助领导者正确理解税收筹划的含义,了解税收筹划的重要性;第五章"法大于天——领导如何防范涉税法律风险",本章分别对领导者如何针对易于忽略的关键风险点予以重点讲解;第六章"从战术到战略——领导如何开展纳税规划",本章主要介绍纳税战略管理的重点、思路和操作方法,帮助领导者做好本单位的纳税战略部署。这些内容理论与实际联系较为紧密,领导者通过阅读本书,可以掌握必要的税收知识,从而推动企业的经营管理和经济发展。

　　本书由蔡昌负责框架设计并总纂定稿,参加编写的人员主要有兰青青、黄海霞、鲍婷婷、张小凤、马良、王洋、吕正伟等。由于我们水平有限和时间仓促,本书疏漏之处,敬请读者朋友不吝指正。

"领导财经丛书"编委会

2011.12

目 录

第一章 税收大势——领导如何把握税制变迁 ········· 1
  一、物业税：热议不断，迷局待解 ············· 1
  二、资源税：酝酿成熟，呼之欲出 ············· 3
  三、增值税：扩大征收范围，兼顾营业税改革 ······· 6
  四、个人所得税：目标清晰，处在改革的十字路口 ····· 10

第二章 税收"大家庭"——领导如何掌握现行税制 ······ 15
  第一节 税收"大家庭"概况 ················ 15
  第二节 税收"大家庭"成员状况 ·············· 18
    一、货物和劳务税类 ··················· 18
    二、所得税类 ····················· 30
    三、财产税类 ····················· 40
    四、资源税类 ····················· 42
    五、行为目的税类 ··················· 45
  第三节 企业税收 ···················· 48

第三章 精耕细作——领导如何管理合同和发票 ······· 53
  一、合同的涉税管理 ···················· 53
  二、发票的涉税管理 ···················· 72

第四章　税收筹划——领导者如何学会节税 …… 89
一、认识税收筹划 …… 89
二、税收筹划的影响因素和基本方法 …… 91
三、经营活动中的税收筹划 …… 93
四、筹资活动中的税收筹划 …… 114
五、投资活动中的税收筹划 …… 116
六、企业合并与分立的税收筹划 …… 119
七、薪酬激励的税收筹划 …… 123

第五章　法大于天——领导如何防范涉税法律风险 …… 131
一、公司涉税风险 …… 131
二、公司涉税法律风险的来源 …… 133
三、防范涉税法律风险的"妙方" …… 138
四、不能踩的红线——税收法律责任分析 …… 168

第六章　从战术到战略——领导如何开展纳税规划 …… 175
一、培养纳税意识 …… 175
二、走出纳税误区 …… 177
三、营造和谐税收征纳关系 …… 183
四、部署纳税战略 …… 188

参考文献 …… 204

第一章 税收大势——领导如何把握税制变迁

改革开放以来,我国税制改革的前进步伐从未停止过,税制改革的争论之声也从未停息过。在 2010 年 3 月召开的第十一届全国人民代表大会第三次会议和全国政协第十一届第三次会议上,以资源税、环境税、物业税、个人所得税为代表的税制热点问题再次引起了代表、委员的讨论,而无论是在政府工作报告还是在财政预算报告中,有关税制改革的字眼都频频出现。由于税收是针对第一次收入分配的再分配,对企事业单位的生产经营活动有着直接或间接的影响,因此,准确把握税制改革的趋势对于企事业的发展有着重要意义。

一、物业税:热议不断,迷局待解

物业税又称财产税或地产税,主要是针对土地、房屋等不动产,要求其承租人或所有者每年都缴纳一定的税款,而应缴纳的税值会随着不动产市场价值的升高而提高。比如,公路、地铁等开通后,沿线的房产价格就会随之提高,相应地,物业税也要提高。从理论上说,物业税是一种财产税,是针对国民的财产所征收的一种税。

从 2009 年至 2011 年,"物业税"这一字眼每次出现在各大网站、报纸上都会占据显要的位置,在我国目前房价日渐高涨的背景下,物业税自"破题"之日起就注定了其不平凡的经历,作为房地产调控的一大"重器",很多业内人士更是认为:物业税才是对付目前"土地财政"、"炒房热"两大房价"推手"的杀手锏。然而,从国际实践看,物业税作为地方政府的主体税种,其主要作用是保障地方财政收入,尚无依靠物业税来调控房地产价格的成功案例。

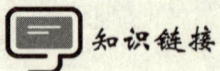

物业税同房地产的关系

房地产作为一种商品,其价格是由市场供求决定的。在当前房地产市场总体体现为卖方市场的情况下,那种奢望通过降低房地产开发环节政府收费、进而降低房价的想法是不太切合实际的,也是与市场经济的基本规律相悖的。倒是开发商非常乐于支持这种观点,因为降低的政府收费实际上流进了他们的钱袋子,进一步增加了其获利空间,提高了利润率,而房价未必能降下来。

从长期看,开征物业税会加大房地产保有环节的税收负担,降低投资和投机者的收入预期,这仅仅是影响房地产市场需求的一个因素,房地产价格的走向还要受到供给和影响需求的其他因素的影响。

2011年年初,备受关注的房产税改革有了突破性进展,在部分城市进行对个人住房征收房产税改革试点。作为首批试点城市,上海、重庆两市均宣布对部分个人住房开征房产税。其中,"重庆版"房产税偏重对高档房、别墅的征收,包括对存量、增量独栋别墅均征房产税,对新购高档商品房征税,对在重庆无户籍、无工作、无投资的外地炒房客从第二套房开始征税,税率为0.5%~1.2%。而"上海版"房产税方案则针对新增一般房地产,而且按照人均面积做起征点考虑,设计中的房产税的税率为累进税率,房屋价值高、人均面积大的房屋税率更高。上述两试点均提出,房产税收入将用于保障性住房建设等方面的支出。

2011年1月27日,财政部和国家税务总局联合下发《关于调整个人住房转让营业税政策的通知》。该通知明确规定,个人将购买不足5年的住房对外销售的,全额征收营业税;个人将购买超过 5 年(含 5 年)的非普通住房对外销售的,按照其销售收入减去购买房屋的价款后的差额征收营业税;个人将购买超过 5 年(含 5 年)的普通住房对外销售的,免征营业税。政策调整后,个人转让购买不足 5 年的住房,无论是普通住房还是非普通住房,均需要按 5%的税率全额征收营业税,而不是差额征收。

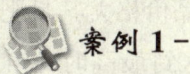

案例 1-1

新的房产税规定对交易成本的影响

上海市东方公司经理王总于 2006 年 9 月以 100 万元购进一套住房,此后于 2010 年 5 月以 200 万元将其卖出。由于卖出的住房不满 5 年,根据新的营业税政策,该套房将多交 5 万元税费,再加上 0.5%左右的教育附加费和城市维护建设税,该套房的交易成本将增加 5.5 万元,税收成本整整提高 1 倍。

而后,王总于 2011 年 3 月购进一套价值 300 万元的住房,面积为 120 平方米。王总此前自己已有一套 200 平方米的住房。根据新的房产税规定,王总新购住房全部面积需按规定缴纳房产税。税额暂按应税住房市场交易价格的 70%计算缴纳,交易价格参照当地政府统计数据为准。

二、资源税:酝酿成熟,呼之欲出

资源税是对自然资源征税的税种的总称。我国自 1984 年开征资源税以来,于 1986 年和 1994 年进行了两次改革和完善,于 2009 年拉开序幕的改革方向是由"从量计征"改为"从价计征",可以说,这一改革将有利于完善资源产品价格形成机制,并可以实现通过提高税负成本限制企业对资源的过度使用。

目前,我国征收资源税的税目主要有原油、煤炭、天然气,其他非金属矿原矿、黑色金属矿原矿、有色金属矿原矿、盐等。这七个税目覆盖了大部分已知的矿产资源,但仍有许多自然资源未包括在内,如水资源、黄金、地热资源、森林资源等。现在对资源的重要性已经被大家所认识，而且构成资源税的内容延伸了很多，比如黄金、水等，尤其是水资源浪费很严重，所以，下一步资源税税目要向这类产品扩大。

从量定额征收在价格变动不大的情况下无所谓，可是这几年价格变动很快，煤的价格过去每吨 200~300 元，现在变成了上千元。而在价格上涨过程当中，那些资源型垄断企业的收入增加很多，而政府的税收却没有增加，对此，政府和老百姓都有意见。从 2008 年上半年开始，资源产品价格尤其是肥焦煤的价格像坐过山车一样，从最低时每吨才 600 多元，达到最高时每吨 2 000 元，这样算下来，资源税征收不足每吨煤销售价格的 1%。煤炭价格上涨，但是资源税仍然保持不变，也就是说，现有的税率完全不能反映资源价格的变动。

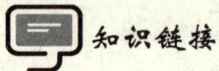

资源税从量计征的缺陷

我国现行资源税制采用从量计征，征税范围限于原油、天然气、煤炭、其他非金属矿原矿等七个税目。在近年来资源价格不断攀升的情况下，从量计征的方式已经脱离实际，资源税收入不能随资源产品价格和资源企业收益的变化而变化，税负水平过低，难以反映资源的稀缺程度，造成资源的浪费。

以新疆为例，1993 年新疆石油价格为每吨 480 元，天然气价格为每千立方米 200 元，按从量计征原则，当时资源税税额标准为石油每吨 12 元，天然气每千立方米 4 元，折算成资源税税率分别为销售收入的 2.5% 和 2%。然而，到了 2008 年，新疆石油价格已经达到每吨 4 800 元，资源税税额标准虽有所提高，但仍为每吨 30 元，折算成税率还不到 1%。因此，新疆地区的资源税改革自 2009 年率先拉开序幕。

从以上分析可以看出，资源税税率已经到了必须改革的时候了，当前资源税改革的趋势如下。

1. 扩大资源税的征税范围,开征新的资源税

现行资源税制度覆盖的征税范围较小,基本上只属于矿藏资源占用税的性质,征税范围远远小于世界其他国家的资源税,不能充分发挥税收杠杆保护自然资源和生态环境的作用。现在许多国家对国有、或虽非国有但对国计民生有重大影响、或具有重大生态环境价值的资源征税。我国应首先考虑将水资源等生态资源逐渐纳入征税范围,取消水资源补偿费,对用水单位和个人区别对待,征收水资源税、环境保护资源税等,对不按规定退耕还林、造成大气污染和水土流失的企业和单位,按影响环境程度设置税率,逐步用经济手段约束环境治理行为。待条件成熟后,再逐渐扩大对土地、森林、草原、山岭、滩涂等其他资源征收资源税。在具体征税办法上,对于森林资源一般按照采伐数量计征;对于草原、山岭、滩涂等资源,则按照占用面积或利用这些资源所生产的产品数量或销售收入从量或从价计征。

2. 确定合理的资源税税额,调整资源税的计税依据

根据资源的稀缺性、不可再生性和不可替代性的特点,应当取消资源生产环节的产品税,改变现行资源税以销售量和自用数量为依据计算税额的方法。对于纳入资源税范围的应税税目,应根据其稀缺程度、人类的依赖程度、其替代品的开采成本、自身的开采成本及该行业利润等因素来计算课税税额,同时依照资源本身的优劣和地理位置差异向从事资源开发的企业征收高低有别的税额。对于那些不可再生、不可替代的稀缺资源课以重税,通过扩大资源税的征税范围和上调税额来引导企业有效地利用有限的资源。同时将税额与资源回采率挂钩,将资源回采率和环境修复指标作为确定税额标准的重要参考指标,以促进经济主体珍惜和节约资源,保证资源得到充分合理的利用。

改变资源税计税依据,将现行的以销售数量和自用数量为依据的计税办法调整为以产品产量为依据计税。同时,做好资源税税源变化情况的调研分析工作,与地质矿产部门配合,定期进行重点资源普查工作,建立资源税体系的区域性计算机网络和数据库,保证及时、准确、科学地掌握应税资源的变化

情况及规律,确保资源税税收负担公平合理。

3. 调高现行资源税的税率

在充分考虑市场因素的前提下,本着"不可再生资源高于可再生资源,稀有程度大的资源高于普通的资源,经济效用大的资源高于经济效用小的资源,对环境危害大的资源高于危害程度轻的资源,再培育周期长的资源高于再培育周期短的资源"的宗旨,重新确定税率,适度提高资源税税率标准。

4. 调整资源税归属为共享税

就目前情况来看,资源税作为共享税比较合理。同时,要充分利用资源税返还给地方的财政资金,建立一套资源开发和环境保护补偿机制作为农民利益和生态环境的补偿。按照"分步实施,逐步到位"的原则,综合考虑资源有偿使用和资源税改革进展情况及矿业企业承受能力,研究分步调整矿产资源补偿费费率,并建立与资源利用水平相联系的浮动费率制度。

在完善资源税征收方案的同时,将对现有税费进行清理,意在减轻企业负担。近年来宏观经济形势良好,各种能源供需预计在平衡中保持适度偏紧,资源型企业具有话语权优势,因此新增成本可望通过提价得到转移,对企业利润空间影响有限。

同时,资源税改革的推进,也有助于企业加强资源能源管理,提高资源利用效率,深化资源的再加工和精加工,从而有利于企业可持续发展。

三、增值税:扩大征收范围,兼顾营业税改革

在2009年启动增值税转型改革之后,一种颇具戏剧性的情形随之呈现且逐渐演化为财税领域的焦点话题:发生在增值税身上的改革,直接牵动了它的近邻——营业税。从而,引发了有关增值税和营业税一体化改革的未来预期。

在我国现行税制体系中,增值税和营业税就好似两个孪生姐妹,本来就是命运密切相关的一对儿。两者之中,任何一方的变化,都会直接影响并牵动到另一方。

"十二五"规划对税制改革提出了具体规划要求,提出"扩大增值税征收

范围,相应调减营业税等税收,合理调整消费税范围和税率结构,完善有利于产业结构升级和服务业发展的税收政策"。

增值税扩围改革,就是把现在营业税征收的范围纳入增值税范围,进而缩小甚至取消营业税。目前,中国的工业和商业企业征收增值税,服务业征收营业税,两者不交叉。营业税的三大征税对象为服务业、不动产以及无形资产。

营业税是按企业的销售额或营业额全额征税。但像金融、保险、信托理财、物流等服务行业中间环节特别多,每一道环节都征营业税,则造成重复征税,导致服务企业税负太高。

增值税扩围改革对地方税收收入将造成明显影响。同时,增值税扩围等税制改革将在一定程度上对地税工作带来不利影响。营业税是地方政府的主体税种,而且是几乎唯一的主体税种。正如在现实生活中任何人都要拥有自己的自主财源一样,即便在中国这样的单一制特征异常突出的国度,让地方政府拥有一定的相对独立的税源,也是其履行职能的不可或缺的重要条件。因而,将营业税并入增值税的前提条件之一,就是为地方政府寻找并设计好新的主体税种。在现行税制的框架内,这样的税种,或并不存在,或难有变更归属关系之可能。几乎唯一的可行方案,就是按照既有的税制改革方案,开征以物业税为代表的财产税并以此作为地方政府的主体税种。问题是,开征物业税或其他财产税,在眼下还处于"雾里看花"阶段,并非中国的现实。我们毕竟不能把未来可能拥有的东西当做现实的税源分配给地方政府。

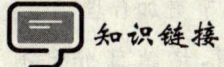

增值税扩围可能对广东省的影响

据统计,广东全省2010年地税税收3 256亿元,"十一五"期间累计组织税收收入12 105亿元,相当于"十五"期间税收收入总量的2.4倍,占同期全国地税收入的1/7,稳居全国首位。

以广东为例,据有关方面测算,广东省营业税一直都是地税的主体税种,约占地方税收收入的四成左右。由于增值税为中央、地方共享税,营业税则为地方税,受此影响,若增值税进行扩围,广东省营业税收入将减少24%左右,地方税收将减少1/9左右。

目前的增值税转型实际上只允许企业抵扣固定资产投资中的设备购置部分,对于占固定资产比例高达62%的厂房建筑物不能抵扣增值税。一位公司老总说:"增值税改革后,制造业企业购买设备可以抵扣进项税额,降低了增值税纳税单位的税负,不过仍然不够全面。如果设备可以抵扣,那么同样是企业成本的厂房,能不能抵扣?恐怕还需要进一步考虑。"

未来增值税转型还将继续深化,可能以扩围降率的方式进行,将更多行业纳入增值税的征收范围,同时适度放宽抵扣标准,辅以适当降低费率,最终以增值税取代营业税。在这种情况下,目前同时征收营业税和增值税的服务业税负将有所下降。

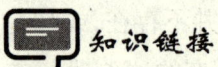

增值税扩围改革后企业的税负会增加吗

以交通运输业为例,目前是按照3%的营业税税率来征收;而如果采用增值税,销项减去进项,总体的税负应该高于3%。这样对产业链的价格会有影响,但如果我们不用17%的税率,而是采用差别税率,这种问题可能就会得到缓解。因为我们的目的不是增加税负,而是要使整个征收环节更加合理。

假设有A、B两家企业,A企业如果按照增值税缴税,增值部分只有20%,按照17%的增值税税率,最终缴费额为营业额的3.4%;但如果按照营业税缴税,则需上缴营业额的5%。B企业正在缴纳增值税,但进项抵扣不足,实际税负重。但是,如果由于科技含量大,很多成本如服务、技术等,无法精确量化,账面增值空间极大,达到50%的增值率,实际税负就是销售额的8.5%,远高于营业额3%或5%的税率。

对企业来说,判断一项政策是否成功,标准有两条:一是看是否降低了纳税人的税收负担;二是看是否具有可操作性。改革最终应该是要做到低税率、宽税基,应鼓励企业发展,让企业在更大发展中扩大税源,靠经济发展来增加税收,而不是提高征收比例。因此,作为企业的领导者,在应对将来的增值税扩围改革时,应把更多的精力放到企业财务的转型问题。

营业税与增值税的征税原理和模型都不一样,营业税比较简单,有一个固定税率;而增值税是销项交税,进项抵扣,所要缴纳的是增值部分的17%。它的特点是,要求必须有进项抵扣发票。而现实的问题是,很多行业比如像服务业,销项容易解决,但进项却很可能没有可抵扣的发票。又如交通运输业,营业额容易统计,但进项抵扣的部分,却不容易体现,比如,服务的成本,买车、修路的支出,等等。

不过,现在社会发展形态不像过去那么简单,很多企业的服务环节和制造环节都无法分开,往往制造业中有服务,服务业中同样存在设备购置。增值税扩围的主要出发点,旨在完善增值税和营业税的征收机制,使得税负在一定程度上能够统一。还有一些部门,虽然并没有增值税,但发票却可以抵扣,比如农产品的采购及海关的发票都可以抵扣,这也是个问题。

因此,增值税扩围首先要解决增值税的手段问题,特别是进项抵扣凭证的获取方法、计量方法等,这是一个比较复杂的技术问题。原本那些行业就是因为不好定义进项抵扣数值和方式,而采用营业税的。如果要改为缴纳增值税,这个问题就会浮现出来。因此,在增值税各个环节的管理上,如抵扣范围、抵扣规定甚至税率方面,都需要重新考量。

对于企业财务部门来说,其直接影响就是工作量的增加。如果缴纳营业税,那么企业财务处理税务问题时就很简单,而对增值税就面临着很大的工作量。如票据管理问题、手续问题,特别是原来实行营业税的企业,忽然改成增值税,财务人员一定会无所适从。另外,服务型企业的进项怎么算,怎么抵扣,都是企业管理中不能绕开的问题。这对于财务人员来说,无疑是一个新的课题。

四、个人所得税：目标清晰，处在改革的十字路口

个人所得税可以说是根敏感的神经，每一次的触动都会引来极大的关注。尽管我国个人所得税收入只占全部税收收入的较少部分，但因为与亿万百姓切身利益相关，所以备受关注，很多人对税制的了解甚至都是从个人所得税开始的。

关于个人所得税改革的目标，一直以来都是十分清晰的，就是从目前实施的分类税制走向综合与分类相结合的税制，很多业内人士指出，解决目前个人所得税存在的所有问题都需要综合与分类相结合的税制体系来实现。

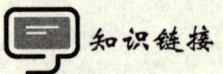

个人所得税起源及其征收模式

个人所得税起源于英国，自1799年起开征。在很多发达国家，个人所得税被称为"良税"。税收作为政府财政收入的主要来源，其主要任务是为政府机构的正常运转提供经济基础。同时税收也起到了调节社会财富分配的作用，防止社会财富的占有出现严重的两极分化，导致社会动荡不安。在以直接税为主的国家里，如美国、加拿大、英国、德国、奥地利、澳大利亚、新加坡、日本等，所得税属于最主要的部分。

个人所得税有三种征收模式：综合所得税、混合税制和分类所得税。综合所得税制，以美国为代表，是在扣除为取得所得而必须支付的有关费用，如差旅费、午餐费、工作服费、维修费、搬迁费等"事务费"，以及为养家糊口而必须支付的"生计费"。前者通常按项目规定扣除标准；后者通常在按照家庭成员的构成规定扣除标准的基础上，按累进税率对全年全部所得征税；混合税制一般是先对各类所得课税，再按累进税率对一定数额以上的全年所得征税，如日本、瑞典等国；分类所得税是把所得按来源、性质分类，对每类所得分别制定一个税率。目前，我国所实行的个人所得税就属于这个类型。尽管税收结构与税收制度直接和国家的经济发展水平、国家所处的发展阶段、产业政策密切相关,但是国外的个人所得税征收制度与方法,对于我国来说仍然具有诸多借鉴意义。

我国现行个人所得税制是分类所得税制,即将个人取得的各项应税所得划分为 11 类,并对不同的应税项目实行不同的税率和不同的费用扣除标准,实行按年、按月或按次计征。这一制度存在一些问题,如工资、薪金所得与劳务报酬所得同是劳动所得,但扣除标准不同,工资收入按月计算,每月按 3 500 元的标准扣除;劳动报酬按次计算,属于连续性的按每月取得的收入为一次,如果 1 月之中有两个或两个以上的不同项目收入,就可做两次或两次以上的扣除,每项低于 800 元的收入就可不纳税。

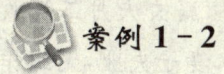
案例 1-2

分类所得税制的缺点

家住北京的小王和小李是同学,两人的月收入相同,均为 4 100 元,其中小王的收入来源包括工薪收入 3 000 元,劳务报酬 600 元,稿酬收入 500 元,按现行个人所得税法规定,小王不需要纳税;而小李的收入全部为工资薪金所得,其应税所得为 600 元,需缴税 18 元。这在客观上鼓励了大批纳税人利用分解收入、多次扣除费用的办法避税,不仅造成税款的流失,也增加了征管的难度。

现行个人所得税制对应纳税所得额的确定存在需要改进之处,如对生计费用的扣除规定,工资、薪金所得费用扣除标准为 3 500 元,但各地区生活水平有差异,各个家庭具体情况没有充分考虑。如纳税人的住房、养老、失业和赡养人口的多寡、婚姻状况、健康状况、教育子女等因素。现行税制以固定数额作为费用扣除标准,未能与物价指数挂钩,从而难以适应由于通货膨胀造成居民生活费用支出不断上涨的实际情况,增加纳税人的负担。现行税制对工资、薪金所得的月收入课征个人所得税(采掘业、远洋运输业、远洋捕捞业及财政部规定的特殊行业除外),和国际上许多国家按年课征的做法不同。这种方法会导致拥有相同收入的纳税人,由于其年收入时间分布不均而造成税收负担的不平衡。

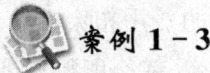

个人所得税是否考虑家庭因素

现行税制规定个人作为纳税人,没有考虑到不同个人家庭因素的影响,可能导致税负不公平。

假设有甲、乙两个人口结构、收入水平均相同、但收入来源不同的家庭,甲家庭丈夫月工资收入 4 000 元,应纳税额 15 元[(4 000—3 500)×3%],妻子每月工资收入 1 500 元,甲家庭应纳税额共计 15 元;乙家庭丈夫月工资收入 5 500 元,应纳税额 95 元[(5 500—3 500)×10%—105],妻子失业,无工作无收入,乙家庭应纳税额共计 95 元。可以看出,有着同样纳税能力的两个家庭却承担着不同的税收负担。

我国个人所得税制未来改革的趋势主要有以下几个方面:

(1) 改分类所得税制为综合与分类相结合的个人所得税制,最终实现综合所得税制。即对工资薪金所得、生产经营所得、财产租赁所得等具有较强连续性或经常性的收入,列入综合所得的征收项目,制定统一适用的累进税率;对财产转让、特许权使用费等其他所得,仍按比例税率实行分项征收。如此,既可以发挥综合所得税制的优势,又可以避免分类所得税制可能产生的不公平。不过,实施综合与分类相结合的个人所得税制只是现阶段的选择。从公平税负、更好地调节收入分配的需要出发,完全的综合个人所得税制应该是我国个税改革的方向。只有逐步向综合税制迈进,才能从根本上解决税收公平的问题,加大对高收入的调节力度。

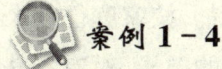 案例 1-4

税改后个人所得税的缴纳实例

(1) 月收入 3 800 元税改后只缴 9 元个人所得税。

已知在某公司上班的王某减去三险一金后的工资收入为 3 800 元,按照现在个人所得税 7 级累进税率表计算,应纳个人所得税为 9 元[(3 800－3 500)×3%]。

(2) 月收入 6 800 元税改后只缴 225 元。

如果王某的工资收入为 6 800 元,他应纳个人所得为 225 元[(6 800－3 500)×10%－105]。

(2) 推广税收指数化,建立弹性税制,按照物价指数调整应纳税所得额。税收指数化是指根据通货膨胀的情况相应调整费用扣除额和税率表中的应税所得额级距,再按适用税率计税,也就是说,扣除额的多少应该随工资水平、物价水平的变化进行适当调整,以避免通货膨胀对个人生计构成明显的影响,保障纳税人的基本生活需要,真实地反映纳税人的纳税能力,增强个人所得税制的弹性。

(3) 改个人纳税为个人与家庭并重的纳税方式。所谓按家庭征收,即在现有个人所得税的操作方式基础上,增加一个总的"家庭结算"环节。具体而言,就是除每月个人按月收入由单位进行代扣代缴个税,到年度结束后,每人再自行申报相关家庭材料,材料内容应包含纳税人在该年度的各项收入、支出。税务部门按"家庭"的标准来测算该纳税人应缴纳的税额,如需补缴的,则需纳税人按时进行补缴,如果多缴了,税务部门也会在相应时间内"退税"。与此同时,在征收过程中,税务部门可对困难家庭具体情况给予减征个人所得税。

按家庭征收的个人所得税的操作方式,将利于解决一方有工作、一方没工作造成的税负不公问题,比如一个家庭只有一个人工作,按一个人计算,

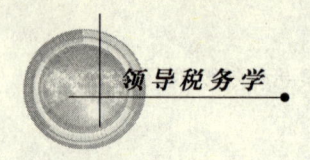

3 500元以上就要纳税。但按三个人计算,他就可以不纳税。按家庭征收个税既能照顾单方有工作的家庭,也能体现家庭收入和支出的差异,对有特殊支出的家庭进行特殊照顾,这样才能真正体现税收公平性。

尽管按家庭征收个人所得税看起来尽显公平,但实际操作过程却存在诸多困难,家庭财产的申报以及公正与透明监管体系的构建,都让按家庭征收个人所得税操作过程困难重重。

"路漫漫其修远兮,吾将上下而求索。"作为企业的决策者和领导者,在税收改革大势中,更需要保持一种冷静、思辨的心态,顺应大势而动,在商业战场上决胜于千里!

第二章 税收"大家庭"——领导如何掌握现行税制

什么是真正的自由？只有理解规则的人才拥有真正的自由。

有游戏的地方就会有规则。无论参与者情愿还是不情愿，只要想玩游戏就必须了解并遵守游戏规则。如果把市场经济活动比作一场游戏，那么税收制度就是用来规范游戏的众多规则之一。市场个体要想在税收制度的规则约束下实现最大的自由，就必须了解、熟稔"游戏规则"，找到自己的位置，把"游戏规则"看透，并为己所用，只有这样才能在"游戏"中如鱼得水、左右逢源。因此，参与市场竞争的第一步，也是非常重要的一步，就是熟稔"游戏规则"，了解我国现行税收法律和制度，掌握国家开征的各个税种的政策。

第一节 税收"大家庭"概况

税收就像一个"大家庭"，根据征税对象的不同，可划分为不同的种别。目前我国的税收制度共设有 18 种税，不同的征税对象是一个税种区别于另一个税种的主要标志。税种的名称一般也以征税对象来命名，如对增值额课税的税种，称为增值税，对资源课税的税种，称为资源税等。我国现行的 18 个税种按照其性质和作用大致可以分为如表 2-1 所示的五类。

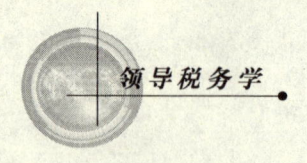

表2-1　　　　　　　我国现行税类税目分类表

税　类	税　目
货物和劳务税类	增值税、消费税、营业税、关税
所得税类	企业所得税、个人所得税、土地增值税
财产税类	房产税、车船税
资源税类	资源税、城镇土地使用税
行为目的税类	印花税、契税、车辆购置税、耕地占用税、烟叶税、城市维护建设税、船舶吨税

我国现行税制以货物和劳务税类、所得税类为主体税种,这两类税在税收收入总额中占比重较大,在经济活动中调节范围较宽,作用广泛,并且其税收制度相对稳定。财产税类、资源税类和行为目的税类在整个税制结构中处于辅助地位,它们在税收收入总额中所占比重较小,在某一经济领域内课征,牵扯面小,可以根据经济发展需要因地制宜地设置。

18个税种中,企业所得税和个人所得税已经分别由全国人民代表大会制定了法律。增值税、消费税、营业税、关税、土地增值税、房产税、车船税、资源税、城镇土地使用税、印花税、契税、车辆购置税、耕地占用税、烟叶税、城市维护建设税已经由国务院制定了行政法规。船舶吨税由海关制定了暂行办法。

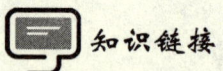知识链接

我国税款的征收与缴纳

税款征收是国家税收征收机关依照税收法律、法规规定将纳税人应纳税款征缴入库的一系列税收管理活动的总称。税务机关是税款征收的主体,同时法律也赋予了海关、财政部门征收税款的权力,如海关部门负责关税和船舶吨税的征收,同时负责代征进口环节的增值税和消费税;在我国部分地区,契税和耕地占用税由财政部门征收管理。这可以看作是我国征税管理权的

横向划分。从纵向来看,我国的税收管理制度实行的是分税制财政管理体制。根据分税制财政管理体制的要求,我国省以下税务机构分为国家税务局和地方税务局。《中华人民共和国税收征收管理法》第五十三条规定:"国家税务局和地方税务局应当按照国家规定的税收征收管理范围和税款入库预算级次,将征收的税款缴入国库。"

在分税制财政管理体制下,我国的税种可以划分为中央税、地方税、中央和地方共享税几种。中央税属于中央政府固定收入,由国家税务局征收管理,如消费税、关税等为中央税。地方税属于各级地方政府的财政收入,由地方税务局征收管理,如城市维护建设税、城镇土地使用税等为地方税。中央与地方共享税属于中央政府和地方政府的共同收入,目前由国家税务局征收管理。

税款征收过程从纳税人的角度来看就是税收缴纳的过程。纳税人发生了属于国家税务局系统管理范围的业务就应当向国家税务局系统缴纳税款,发生地方税务局系统管理范围的业务就应当向地方税务局系统缴纳税款。

表2-2　　　　　　　　**各部门税收征管范围**

部门	征 收 管 理 范 围
国家税务局	1. 增值税、消费税 2. 海关代征的增值税、消费税 3. 铁道部、各银行总行和各保险总公司集中缴纳的营业税、企业所得税、城市维护建设税和教育费附加 4. 中央企业,中央与地方所属企业,事业单位组成的联营企业,股份制企业,地方银行,非银行金融企业,海洋石油企业,2002年1月1日后注册的企业、事业单位缴纳的企业所得税 5. 证券交易印花税 6. 对储蓄存款利息征收的个人所得税 7. 车辆购置税 8. 国税局征管税收的滞纳金、补税、罚款
地方税务局	1. 营业税、企业所得税、个人所得税、印花税、城市维护建设税和教育费附加(不包括上述国家税务局系统征收管理的部分) 2. 资源税

(续表)

部门	征收管理范围
地方税务局	3. 城镇土地使用税 4. 土地增值税 5. 房产税 6. 车船税 7. 耕地占用税 8. 烟叶税 9. 地税局征管税收的滞纳金、补税、罚款

第二节 税收"大家庭"成员状况

一、货物和劳务税类

货物和劳务税类是指以货物和劳务服务为征税对象,以货物和劳务的进口额或销售后实现的销售额、营业额为计税依据的一个税类。现行税制体系中,增值税、消费税、营业税和关税都属于货物和劳务税类。

(一)增值税

增值税是以货物和应税劳务(加工、修理修配劳务)为征税对象,以货物进口额、销售额以及应税劳务营业额为计税依据,运用税款抵扣原则征收的一种流转税。

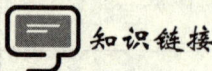知识链接

如何理解"增值额"

为理解增值额,我们先来看一个简单的例子。

农民种棉花并将棉花卖给织布商,织布商又把布料卖给印染商,先后经过五道工序,最后,制成衣服并销售出去。表2-3给出一系列假设数字。

表2-3　　　　　　服装生产各环节增值额示意表　　　　　单位:元

生产者	购买	销售	增值额	增值税 (假设税率为10%)
农　　民	0	200	200	20
织 布 商	200	300	100	10
印 染 商	300	350	50	5
服装生产商	350	650	300	30
服装销售商	650	800	150	15
合　　计			800	80

农民通过自己的辛勤劳动,收获棉花并将其销售,获得收入200元,可以说农民生产棉花的增值额为200元;织布商为购买棉花支付了200元,按照300元将生产出来的布匹销售,可以说织布商生产布匹的增值额是100元,以此类推,印染商印染布匹的增值额为50元,服装生产商生产服装的增值额为300元,服装销售商销售服装的增值额为150元。

每一个阶段,增值额是企业销售额与生产中物质要素购买额之间的差额。可见就一个环节而言,增值额是产出减去投入后的余额。就一个产品而言,增值额之和就是商品价值之和。本例中,各环节累计增值额是800元,也就是服装的最终销售价值。

虽然增值税看上去是在货物、应税劳务的每一流转环节都按照销售额、营业额全额计征,但实际上每一环节缴纳的增值税都是本环节按全额计算的应纳增值税额(销项税额)扣减掉上一环节已纳增值税额(进项税额)后得到的金额,所以增值税实质上是对征税对象生产和流通中各环节的新增价值征税,所以叫做"增值税"。

税款抵扣法

从理论上讲,增值税的计税依据应该是货物和应税劳务在流转过程中的增值额,但是在实际商业活动中,生产流通过程中货物和应税劳务的新增价值或附加值是很难准确计算的。为了便于对增值部分征税,我国将增值税设计为价外税的形式,并采用税款抵扣法。

税款抵扣法,即在货物和应税劳务的每一流转环节都需以销售货物或提供应税劳务的不含税销售额全额为计税依据,按规定税率计算出增值税额(又称销项税额),然后扣除取得该货物或接受应税劳务时所支付的增值税款(又称进项税额),其差额就是增值部分应交的税额。

增值税实行的是价外税形式,因此,每一环节的销项税额(其实也就是下一环节的进项税额)是在增值税专用发票中注明的,它由购买方支付,由最终消费者负担。一般纳税人销售货物和提供劳务,应当向购买者开具增值税专用发票,并在上面分别注明销售额和销项税额。买方可以凭发票上所注明的增值税额在计算其应纳增值税额时抵扣。

一个企业,如果其主要经营业务是生产、销售货物或者提供加工修理修配劳务,那么这个企业就会成为增值税的纳税人。此处的货物是指除土地、房屋和其他建筑物等一切不动产之外的有形动产,包括电力、热力和气体在内。

由于我国纳税人众多,还有部分纳税人的财务制度不够健全,运用税款抵扣法将带来征管困难,因此,为了便于征收管理,我国将增值税的纳税人划分为一般纳税人和小规模纳税人。销售额达到一定标准,财务制度健全的企业可向主管税务机关申请一般纳税人资格认定,通过认定即可成为一般纳税人。一般纳税人采用税款抵扣法核算增值税,适用的基本税率为17%,实际经济生活中为照顾一些特殊行业或产品,增设了一档低税率13%,列入低税率的货物主要是农业生产资料以及关系到人民日常生活的必需品,另外,对出口货物实行零税率。销售额未达到规定标准或企业财务制度不健全的企业、非企业单位及个人是小规模纳税人。我国对小规模纳税人采取简易计征办法,不适用税款抵扣法,为使两类纳税人税负公平,小规模纳税人不适用基本税率,而是采用较低的税率3%征收。

一般纳税人应纳税额计算公式为:

应纳税额=当期销项税额-当期进项税额

当期销项税额=当期销售额×适用税率

当期进项税额=当期购进额×适用税率

公式中的销售额、购进额都必须是不含增值税的销售额和购进额。含税销售额(购进额)与不含税销售额(购进额)的换算关系为:

不含增值税的销售额(购进额)=含增值税的销售额(购进额)÷(1+适用税率)

小规模纳税人应纳税额计算公式为:

应纳税额=不含增值税的销售额×适用征收率

不含增值税的销售额=含增值税的销售额÷(1+适用征收率)

我国采取以增值税专用发票计税,凭增值税专用发票抵扣的增值税管理办法。因此,增值税专用发票就成为增值税征管的关键链条,一旦这个链条发生问题,就会造成税款的大量流失。为了加强增值税专用发票的管理,国家对增值税专用发票的领购、使用和保管作出了一系列规定,对违反这些规定的行为,特别是对利用增值税专用发票从事违法犯罪活动制订了严厉的惩处措施,从罚款、没收非法所得到有期徒刑、无期徒刑甚至极刑。

税务部门还运用现代信息技术,通过实施"金税工程",将所有的增值税专用发票纳入"增值税管理信息系统",进行严密监控,保护增值税的安全。

> 纳税申报途径新,金税工程信息灵。
> 税务机关精细管,偷骗抗税罪不轻。
> 诚信纳税万事顺,共享和谐好心情。

（二）消费税

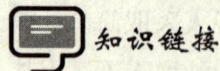

消费税背后的"消费品"

我国的消费税不是对所有的消费品都征税，而是根据产业政策和消费政策仅选择部分消费品进行征税。被列入征税范围的消费品，或者是对人体或生态环境有害的消费品（如烟、酒、鞭炮焰火），或者是非生活必需的奢侈消费品（如化妆品、贵重首饰及珠宝玉石、高尔夫球及球具、游艇、高档手表），或者是政府为节约资源限制其过量消费的消费品（如成品油、木制一次性筷子、实木地板），或者是政府限制集团消费和特殊消费的消费品（如小汽车、摩托车）等。

消费税是在对货物普遍征收增值税的基础上，选择少数消费品，对在我国境内从事生产、委托加工和进口这类应税消费品的单位和个人征收的一种税。增值税的纳税环节涉及应税货物的生产、批发、零售、进口各个流转环节，而消费税基本是单环节征收。应税消费品在生产环节或进口环节征税之后，再继续转销该消费品不再征收消费税。有个别消费品（主要是金银首饰）的纳税环节在零售环节，但在零售环节以前的诸环节都不征收消费税。有一个例外的情况就是卷烟的纳税环节涉及生产和批发两个环节。自2009年5月1日起，国家调整了香烟的消费税政策，在卷烟的批发环节加征了一道从价消费税。

消费税不同于其他货物和劳务税的一个重要特征就是它的计征方式非常灵活，包括从价定率计征、从量定额计征和复合计征三种方式。从价定率计征是以应税消费品的销售额为计税依据，按照适用税率计算应纳税额。从量定额计征是以应税消费品的销售数量为计税依据，按照适用税额标准计算应纳税额。复合计征方法即将从价定率和从量定额两种方式相结合。现行消费税制中，只有卷烟、粮食白酒、薯类白酒采用复合计征方法。

三种计征方法决定了消费税的两种税率形式：比例税率和定额税率。例如化妆品、实木地板、高档手表采用比例税率的形式,分别为 30%、5%、20%;黄酒、柴油等分别按单位重量或单位体积确定单位税额,采用定额税率的形式,分别为 240 元/吨、0.80 元/升。

消费税具体税目、税率如表 2-4 所示。

表 2-4　　　　　　　　　　**消费税税目、税率表**

税　　目	税　　率
一、烟 　1. 卷烟 　　(1) 甲类卷烟(生产环节) 　　(2) 乙类卷烟(生产环节) 　　(3) 批发环节 　2. 雪茄烟 　3. 烟丝	 56%加 0.003 元/支 36%加 0.003 元/支 5% 36% 30%
二、酒及酒精 　1. 白酒 　2. 黄酒 　3. 啤酒 　　(1) 甲类啤酒 　　(2) 乙类啤酒 　4. 其他酒 　5. 酒精	 20%加 0.5 元/500 克 (或者 500 毫升) 240 元/吨 250 元/吨 220 元/吨 10% 5%
三、化妆品	30%
四、贵重首饰及珠宝玉石 　1. 金银首饰、铂金首饰和钻石及钻石饰品 　2. 其他贵重首饰和珠宝玉石	 5% 10%
五、鞭炮、焰火	15%
六、成品油 　1. 汽油 　　(1) 含铅汽油 　　(2) 无铅汽油 　2. 柴油 　3. 航空煤油 　4. 石脑油 　5. 溶剂油 　6. 润滑油 　7. 燃料油	 1.40 元/升 1.00 元/升 0.80 元/升 0.80 元/升 1.00 元/升 1.00 元/升 1.00 元/升 0.80 元/升

(续表)

税　　目	税　率
七、汽车轮胎	3%
八、摩托车 　1. 汽缸容量(排气量,下同)在 250 毫升(含 250 毫升)以下的 　2. 汽缸容量在 250 毫升以上的	 3% 10%
九、小汽车 　1. 乘用车 　　(1) 汽缸容量(排气量,下同)在 1.0 升(含 1.0 升)以下的 　　(2) 汽缸容量在 1.0 升以上至 1.5 升(含 1.5 升)的 　　(3) 汽缸容量在 1.5 升以上至 2.0 升(含 2.0 升)的 　　(4) 汽缸容量在 2.0 升以上至 2.5 升(含 2.5 升)的 　　(5) 汽缸容量在 2.5 升以上至 3.0 升(含 3.0 升)的 　　(6) 汽缸容量在 3.0 升以上至 4.0 升(含 4.0 升)的 　　(7) 汽缸容量在 4.0 升以上的 　2. 中轻型商用客车	 1% 3% 5% 9% 12% 25% 40% 5%
十、高尔夫球及球具	10%
十一、高档手表	20%
十二、游艇	10%
十三、木制一次性筷子	5%
十四、实木地板	5%

在计算应纳消费税税额时,三种计征方式下各自的税额计算公式为:

(1) 从价定率计征:

应纳消费税额＝应税消费品销售额×适用税率

(2) 从量定额计征：

$$应纳消费税额 = 应税消费品销售数量 \times 适用税额标准$$

(3) 复合计征：

$$应税消费税额 = 应税消费品销售额 \times 适用税率 + 应税消费品销售数量 \times 适用税额标准$$

> 涓涓细流，失不足惜，但汇流成海，能负万乘之舟；
> 厘厘税金，微不足道，然集腋成裘，可强一国之势。

（三）营业税

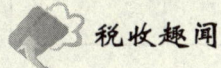

法国的乞丐税

法国巴黎的香榭丽舍大道，名气很大，外地乞丐和流浪汉纷纷涌向这里，使当局感到大煞风景，于是规定，只有缴纳 15 000 法郎税款的乞丐，才能获得准许证在香榭丽舍大道上活动。

其实，法国的乞丐税就是营业税的一种。

营业税是对在我国境内提供应税劳务、转让无形资产和销售不动产的单位和个人，就其所取得的营业额征收的一种流转税。

营业税按照提供劳务的种类设置税目和税率，即按照不同经营行业设计不同的税目、税率，行业相同，税目、税率相同；行业不同，税目、税率不同。营业税共设有 9 个税目，包括 7 种应税劳务以及转让无形资产和销售不动产。营业税的税率采用比例税率的形式，基本税率为 3% 和 5%，另外还有一个 5%～20% 的幅度比例税率。营业税税目、税率详见表 2-5。

表2-5　　　　　　　　营业税税目、税率表

税目	征收范围	税率
交通运输业	陆路运输、水路运输、航空运输、管道运输、装卸搬运	3%
建筑业	建筑、安装、修缮、装饰、其他工程作业	3%
金融保险业	金融、保险	5%
邮电通信业	邮政、电信	3%
文化体育业	文化业、体育业	3%
娱乐业	歌厅、舞厅、卡拉OK歌舞厅、音乐茶座、台球、高尔夫球、保龄球场、网吧、游艺场等	5%～20%
服务业	代理业、旅店业、饮食业、旅游业、仓储业、租赁业、广告业及其他服务业	5%
转让无形资产	转让土地使用权、专利权、非专利技术、商标权、著作权、商誉	5%
销售不动产	销售建筑物及其他土地附着物	5%

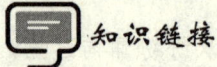

高尔夫球——"娱乐项目"还是"体育项目"?

我国将高尔夫球列为娱乐业,征收税率高达20%的营业税。当初高尔夫球和保龄球、台球一起作为舶来品进入我国,一直被当成娱乐业而不是体育业被征收重税,一方面是政府取得税收收入的动机;另一方面是运动成本也很高,多是一些富翁和成功人士的锻炼项目,难免被征重税。但是随着经济的发展,在拥有了一定群众基础之后,保龄球和台球已经脱去了高贵的外衣,其营业税税率得到降低。而高尔夫球虽然最近被列为奥运会体育比赛项目,但是在中国它到底属于娱乐项目还是体育项目仍然处于争论之中,短期内看不到其税负有降低的可能。

纳税人提供应税劳务、转让无形资产和销售不动产,按照营业额和适用

的税率计算应纳税额。应纳税额的计算公式为：

$$应纳税额＝营业额×税率$$

在一般情况下,营业额为纳税人提供应税劳务、转让无形资产和销售不动产向对方收取的全部价款和价外费用。价外费用包括手续费、补贴、基金、集资费、返还利润、奖励费、违约金、滞纳金、延期付款利息、赔偿金、代收款项、代垫款项、罚息和其他价外费用,但是不包括符合一定条件的代为收取的政府性基金和行政事业性收费。

在一些特定情况下,纳税人在计算营业额的时候可以扣除某些费用：

(1) 运输企业自中华人民共和国境内运输旅客或者货物出境,在境外改由其他运输企业承运乘客或者货物的,以全程运费减去付给该承运企业的运费后的余额为计税营业额。

(2) 纳税人将承揽的运输业务分给其他单位或者个人的,以其取得的全部价款和价外费用扣除其支付给其他单位或者个人的运输费用后的余额为计税营业额。

(3) 建筑业的总承包人将工程分包或者转包给他人的,以工程的全部承包额减去付给分包人或者转包人的价款后的余额为计税营业额。

(4) 外汇、有价证券、非货物期货和其他金融商品买卖业务,以卖出价扣除买入价后的余额为计税营业额。

(5) 邮政电信单位与其他单位合作,为用户提供邮政电信服务和其他服务,并由邮政电信单位统一收取价款的,以邮政电信单位收取的全部价款扣除支付给合作方的价款以后的余额为计税营业额。

(6) 单位、个人举行演出,以全部票价收入或者包场收入扣除付给有关单位、经纪人的费用以后的余额为计税营业额。

(7) 纳税人从事旅游业务的,以其取得的全部价款、价外费用扣除替旅游者支付给其他单位、个人的住宿费、餐费、交通费、旅游景点门票和支付给其他接团旅游企业的旅游费以后的余额为计税营业额。

(8) 单位、个人销售其购置的不动产(另有规定的住房除外)和转让其受让的土地使用权,以其全部销售收入、转让收入扣除不动产购置原价、土地使用权受让原价以后的余额为计税营业额。

(9) 财政部规定的其他情形。

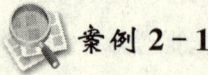

应纳营业税额计算实例

某汽车运输公司,2011年3月取得三项收入,其中:运输总收入50万元(含支付给其他运输单位的运输费用10万元),转让废旧仓库永久使用权取得收入200万元,转让非专利技术取得收入90万元,这三项收入分开核算。则该公司取得的运输收入适用交通运输业税目,税率为3%;按照税法规定,运输企业纳税人将运输业务分给其他单位或者个人的,以其取得的全部价款和价外费用扣除其支付给其他单位或者个人的运输费用后的余额为计税营业额,因此运输业务的计税依据应为40万元(50—10);转让废旧仓库永久使用权收入应视为销售不动产取得的收入,适用销售不动产税目,税率为5%;转让非专利技术适用转让无形资产税目,适用5%的税率。该汽车运输公司应纳营业税额的计算为:

应纳营业税额=(50—10)×3%+200×5%+90×5%=15.7(万元)

诚信纳税重如金,有这招牌生意兴。
小河有水大河流,国家个人双双赢。

(四) 关税

关税是海关依法对进出境货物、物品征收的一种税。关税的征税对象是准许进出境的货物和物品。货物是指贸易性商品,物品是指入境旅客随身携带的行李物品、个人邮递物品、各种运输工具上的服务人员携带进口的自用物品、馈赠物品以及其他方式进境的个人物品。关税的纳税人包括进口中国特许进口的货物的收货人、出口中国准许出口的货物的发货人和中国准许进境物品的所有人。从中国境外采购进口的原产于中国境内的货物,也应当缴纳进口关税。

关税的税率分为进口关税税率、出口关税税率两个部分。

我国对进口商品基本上都实行从价定率方式征收,从 1997 年 7 月 1 日起,对部分商品实行从量税、复合税、滑准税。复合税是对某种进口商品同时使用从价和从量计征的一种计征关税的方法,滑准税是一种关税税率随进口商品价格由高到低和由低到高设置即征关税的方法。进口关税税率设置最惠国税率、协定税率、特惠税率、普通税率和关税配额税率等多种税率。进口税率的选择适用是根据货物的不同原产地而确定的,适用最惠国税率、协定税率、特惠税率的国家或地区的名单,由国务院税则委员会决定。目前中国的进口关税税率主要使用最惠国税率,并通过差别税率体现国家的经济、外贸政策。

我国仅对 20 种商品出口征税,税率为 20%～40%,在一定期限内可实行暂定税率。

关税的基本计税方法是:以进出口货物的价格、数量为计税依据,按照适用税率、税额标准计算应纳税额。应纳税额的计算公式为:

(1) 从价税应纳税额的计算:

$$应纳税额 = 应税进(出)口货物数量 \times 单位完税价格 \times 适用税率$$

(2) 从量税应纳税额的计算:

$$应纳税额 = 应税进(出)口货物数量 \times 单位货物税额$$

(3) 复合税应纳税额的计算:

$$应纳税额 = 应税进(出)口货物数量 \times 单位货物税额 + 应税进(出)口货物数量 \times 单位完税价格 \times 适用税率$$

(4) 滑准税应纳税额的计算:

$$应纳税额 = 应税进(出)口货物数量 \times 单位完税价格 \times 滑准税税率$$

二、所得税类

所得税类是在收入分配环节按照企业取得的利润或者个人取得的收入征收的一种税类,对所得多的多征税,所得少的少征税,无所得的不征税,这类税收能够很好地体现量能负担的原则,有效地缩小社会贫富差距,促进社会公平。我国现行所得税类包括企业所得税、个人所得税和具有所得税性质的土地增值税。

(一) 企业所得税

企业所得税是对我国境内的企业和其他取得收入的组织的生产经营所得和其他所得征收的一种税。

在中华人民共和国境内,企业和其他取得收入的组织(以下统称企业)为企业所得税的纳税人。缴纳企业所得税的企业分为居民企业和非居民企业,分别承担不同的纳税责任。居民企业是指依照中国法律、法规在中国境内成立,或者依照外国(地区)法律成立但实际管理机构在中国境内的企业,包括除依照中国法律成立的个人独资企业、合伙企业以外的公司、企业、事业单位、社会团体、民办非企业单位、基金会、外国商会和农民专业合作社以及取得收入的其他组织。非居民企业是指依照外国(地区)法律、法规成立,实际管理机构不在中国境内,但在中国境内设立机构、场所,或者在中国境内未设立机构、场所,但有来源于中国境内所得的企业。

企业所得税的征税对象是企业所得,包括销售货物所得,提供劳务所得,转让财产所得,股息、红利等权益性投资所得,租金所得,利息所得,特许权使用费所得,接受捐赠所得,其他所得。

我国企业所得税税率采取比例税率的形式,基本税率为25%,适用于居民企业和在中国境内设有机构、场所且所得与机构场所有关联的非居民企业;此外,企业所得税还有一档低税率20%,适用于在中国境内未设立机构、场所的,或者虽设立机构、场所但取得的所得与其所设机构、场所没有实际联系的非居民企业,实际中减按10%的税率征收。符合条件的小型微利企业,减按20%的税率征收企业所得税。国家需要重点扶持的高新技术企业,减按15%的税率征收企业所得税。

企业所得税是所有税种中涉及内容最广、计算难度最大的税种。本节将通过几个涉税公式的分析来阐明影响企业所得税的各个因素,从而使读者对企业所得税有个基本、直观的了解。

公式1:应纳税额＝应纳税所得额×适用税率－减免税额－抵免税额

本公式表明:应纳企业所得税的计算,取决于应纳税所得额、税率、减免税额和抵免税额四个因素。一般情况下,减免税额和抵免税额大部分企业涉及较少,因此,应纳税所得额和税率两个因素是关键。税率是计算应纳税额的比例,除少数优惠规定外,均为25%的固定税率。应纳税所得额是计算企业所得税的计税依据,是企业所得税的核心内容。

公式2:应纳税所得额＝收入总额－不征税收入－免税收入－各项扣除－允许弥补的以前年度亏损

应纳税所得额的计算涉及五个因素。收入总额既包括了企业的基本收入,也包括了企业的特殊收入。各项扣除金额是指与企业取得收入相关的成本、费用、税金、损失和其他支出等金额。成本,即生产经营成本,是指纳税人为生产经营所发生的各项直接费用和间接费用。费用,即纳税人为生产经营所发生的销售费用、管理费用和财务费用,在会计中称为期间费用。税金是指企业发生的除企业所得税和允许抵扣的增值税以外的企业缴纳的各种税金及其附加。即企业按规定缴纳的消费税、营业税、城市维护建设税、关税、资源税、土地增值税、房产税、车船税、土地使用税、印花税、教育费附加等。损失是指企业在生产经营活动中发生的固定资产和存货的盘亏、毁损、报废损失,转让财产损失,呆账损失,坏账损失,自然灾害等不可抗力因素造成的损失以及其他损失。其他支出是指除成本、费用、税金、损失外,企业在生产经营活动中发生的与生产经营活动有关的、合理的支出。

纳税人发生年度亏损的,可以用下一纳税年度的所得弥补;下一纳税年度的所得不足弥补的,可以逐年延续弥补,但是延续弥补期最长不得超过5年。5年内不论盈利或亏损,都作为实际弥补期限计算。这里所说的亏损,不是企业财务报表中反映的亏损额,而是企业财务报表中的亏损额经主管税务机关按税法规定核实调整后的金额。

公式3:应纳税所得额=企业的会计利润总额±按税法规定调整的项目金额

本公式中,企业的会计利润总额是指纳税人按照会计制度的规定和计算方法计算的一个会计年度的经营成果。由于我国财务会计制度的规定与税收法规的规定在某些项目上存在差异,因此,在计算企业所得税应纳税所得额时,还必须按照税收法规的规定在会计利润的基础上进行纳税调整。税收调整项目金额具体有两点:一是纳税人的财务、会计处理与税收规定范围不一致而予以调整的金额;二是纳税人的财务、会计处理与税收规定标准不一致而予以调整的金额。例如,企业取得的国债利息收入,按照会计规定属于投资收益,但是税法上规定国债利息收入属于免税收入,这样就出现了纳税人的财务、会计处理与税收规定范围不一致的情况,企业就必须调减收入类项目的金额;又如,税法规定,企业发生的与生产经营活动有关的业务招待费支出,按照发生额的60%扣除,但最高不得超过当年销售(营业)收入的5‰。这样就出现了纳税人的财务、会计处理与税收规定标准不一致的情况,企业必须调减费用损失类项目的金额。在实践中,由于企业所得税是按年计征,下一年度的1~5月是企业所得税的汇算清缴时限,因此,企业所得税的清算一般都是以企业的会计利润总额为基数,在此基础上进行差异调整后来确认企业所得税的应纳税所得额。

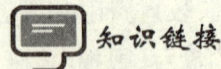

企业所得税制改革

改革开放以来,为了吸引外资,我国对内外资企业实行不同的所得税政策。随着我国社会主义市场经济体制的建立和不断完善,特别是加入世贸组织后,内外资企业两套所得税制并存的税制模式已无法适应社会主义市场经济发展的要求,矛盾日趋突出。因此,全国人民代表大会在2007年3月对《中华人民共和国外商投资企业和外国企业所得税法》与《中华人民共和国企业所得税暂行条例》进行了合并,形成了新的《中华人民共和国企业所得税法》,自2008年1月1日起对内外资企业统一施行。

新企业所得税法结合各国税制改革的新形势,按照"简税制、宽税基、低税率、严征管"的要求,对原来的税收优惠政策进行了适当调整,打破了原来的区域优惠格局,形成了产业优惠为主,区域优惠为辅的新的税收优惠格局。税收优惠调整的内容主要有以下几个方面:

(1) 对符合条件的小型微利企业实行20％的优惠税率,对国家需要重点扶持的高新技术企业实行15％的优惠税率,扩大对创投企业以及企业投资于环境保护、节能节水、安全生产等方面的税收优惠。

(2) 保留对农林牧渔业、基础设施投资的税收优惠政策。

(3) 对劳服企业、福利企业、资源综合利用企业的直接减免税政策采取替代性优惠政策。

(4) 取消了生产性外资企业定期减免税优惠政策,以及主要产品出口的外资企业减半征税优惠政策等。另外增加"企业从事环境保护项目的所得"和"企业符合条件的技术转让所得"可以享受减免税优惠等方面的内容,以体现国家鼓励环境保护和技术进步的政策精神。

(二) 个人所得税

个人所得税是以自然人取得的各类应税所得为征税对象而征收的一种所得税,是政府利用税收对个人收入进行调节的一种手段。凡在中国境内有住所,或者无住所而在中国境内居住满1年的个人,从中国境内和境外取得所得的,以及在中国境内无住所又不居住或者无住所而在境内居住不满1年的个人,从中国境内取得所得的,均为个人所得税的纳税人。个人所得税的纳税人不仅涉及中国公民,也涉及在华取得所得的外籍人员和中国港、澳、台同胞,还涉及个体户、个人独资企业与合伙企业的投资者。

我国个人所得税采用分类征收体制,将纳税人所得的不同来源、不同性质的所得项目分别规定不同的税率征税。个人所得税的应税所得项目包括工资、薪金所得,个体工商户的生产、经营所得,对企事业单位的承包、承租经营所得,劳务报酬所得,稿酬所得,特许权使用费所得,利息、股息、红利所得,财产租赁所得,财产转让所得,偶然所得和其他所得。按所得性质不同,适用不同形式的税率,具体税目、税率见表2-6至表2-9。

表2-6　　　　　　　　　**个人所得税税目、税率表**

征税项目	税率	计税方法
工资、薪金所得	七级超额累进税率3%～45%	按月计税
个体户生产、经营所得	五级超额累进税率5%～35%	按年计算分月缴纳
对企事业单位承包、承租经营所得		按年计算分次缴纳
劳务报酬所得	三级超额累进税率20%～40%	按次或月纳税
稿酬所得	20%比例税率,并按应纳税额减征30%	按次纳税
特许权使用费所得	20%比例税率	
财产租赁所得		
财产转让所得		
利息、股息、红利所得		
偶然所得		
其他所得		

表2-7　　　　　　　　　**工资、薪金所得税税率表**

级数	全月应纳税所得额		税率(%)	速算扣除数
	含税级距	不含税级距		
1	不超过1 500元的	不超过1 455元的	3	0
2	超过1 500元至4 500元的部分	超过1 455元至4 155元的部分	10	105
3	超过4 500元至9 000元的部分	超过4 155元至7 755元的部分	20	555
4	超过9 000元至35 000元的部分	超过7 755元至27 255元的部分	25	1 005
5	超过35 000元至55 000元的部分	超过27 255元至41 255元的部分	30	2 755

(续表)

级数	全月应纳税所得额 含税级距	全月应纳税所得额 不含税级距	税率(%)	速算扣除数
6	超过 55 000 元至 80 000 元的部分	超过 41 255 元至 57 505 元的部分	35	5 505
7	超过 80 000 元的部分	超过 57 505 元的部分	45	13 505

注：1. 本表所列含税级距与不含税级距，均为按照税法规定减除有关费用后的所得额；
2. 含税级距适用于由纳税人负担税款的工资、薪金所得；不含税级距适用于由他人(单位)代付税款的工资、薪金所得。

表2-8　个体工商户的生产、经营所得和对企事业单位的承包经营、承租经营所得适用税率表

级数	全年应纳税所得额 含税级距	全年应纳税所得额 不含税级距	税率(%)	速算扣除数
1	不超过 15 000 元的	不超过 14 250 元的	5	0
2	超过 15 000 元至 30 000 元的部分	超过 14 250 元至 27 750 元的部分	10	750
3	超过 30 000 元至 60 000 元的部分	超过 27 750 元至 51 750 元的部分	20	3 750
4	超过 60 000 元至 100 000 元的部分	超过 51 750 元至 79 750 元的部分	30	9 750
5	超过 100 000 元的部分	超过 79 750 元的部分	35	14 750

注：1. 本表所列含税级距与不含税级距，均为按照税法规定以每一纳税年度的收入总额减除成本、费用以及损失后的所得额；
2. 含税级距适用于个体工商户的生产、经营所得和由纳税人负担税款的对企事业单位的承包经营所得、承租经营所得；不含税级距适用于由他人(单位)代付税款的对企事业单位的承包经营所得、承租经营所得。

表2-9　劳务报酬所得、个人所得税税率表

级数	每次应纳税所得额	税率(%)	速算扣除数
1	不超过 20 000 元的部分	20	0
2	超过 20 000 元至 50 000 元的部分	30	2 000
3	超过 50 000 元的部分	40	7 000

个人所得税的计算方法为：

采用超额累进税率的征税项目：

应纳个人所得税额＝应纳税所得额×适用税率－速算扣除数

应纳税所得额＝收入总额－准予扣除费用后金额

采用比例税率的征税项目：

应纳个人所得税额＝应纳税所得额×适用税率

应纳税所得额＝收入总额－准予扣除费用后金额

1. 工资、薪金所得应纳税额的计算

在一般情况下，以纳税人当月取得的工资、薪金收入减除基本扣除金额3 500元以及按照规定缴纳的基本养老保险费、基本医疗保险费、失业保险费、住房公积金、规定标准以内的公务用车和通信补贴的金额以后的余额为应纳税所得额，按照《工资薪金所得税率表》所列的九级超额累进税率计算应纳个人所得税税额：

应纳税额＝应纳税所得额×适用税率－速算扣除数

＝（月工薪收入－3 500元－其他规定扣除项目）×适用税率－速算扣除数

在中国境内没有住所而在中国境内取得工资、薪金所得的纳税人和在中国境内有住所而在中国境外取得的工资、薪金所得的纳税人，在计算其工资、薪金所得的个人所得税应纳税所得额的时候，除了可以按月减除费用3 500元和其他规定项目外，国家还可以根据其平均水平、生活水平和汇率变化等因素确定附加减除费用。目前规定的附加减除费用标准为每月1 300元，应纳税所得额计算公式为：

应纳税所得额＝工资、薪金总收入－3 500元－附加减除费用1 300元

－其他规定扣除项目

2. 个体工商户的生产、经营所得应纳税额的计算

个体工商户的生产、经营所得计算缴纳个人所得税的时候，以纳税人本纳税年度的生产、经营收入总额，减除与其收入相关的成本、费用、税金和损失以后的余额为应纳税所得额。

应纳税额＝应纳税所得额×适用税率－速算扣除数

应纳税所得额＝全年收入总额－成本、费用以及损失

3. **个人独资企业和合伙企业个人投资者的生产、经营所得的计税方法**

个人独资企业和合伙企业个人投资者的生产、经营所得，比照个体工商户的生产、经营所得缴纳个人所得税。

4. **对企事业单位的承包、承租经营所得应纳税额的计算**

对企事业单位的承包、承租经营所得，以每一纳税年度的收入总额，减除必要费用后的余额，为应纳税所得额。每一纳税年度的收入总额，是指纳税人按照承包经营、承租经营合同规定分得的经营利润和工资、薪金性质的所得之和；必要费用的减除为每月 3 500 元。

应纳税额＝(纳税年度收入总额－必要费用)×适用税率－速算扣除数

5. **劳务报酬所得、稿酬所得、特许权使用费所得应纳税额的计算**

(1) 每次收入不足 4 000 元的：

应纳税额＝(每次收入额－800 元)×适用税率

(2) 每次收入在 4 000 元以上的：

应纳税额＝每次收入额×(1－20％)×适用税率

6. **财产租赁所得应纳税额的计算**

(1) 每次(月)收入不足 4 000 元的：

应纳税额＝[每次(月)收入额－准予扣除项目－修缮费用(800 元为限)
－800 元]×20％

(2) 每次(月)收入在 4 000 元以上的：

应纳税额＝[每次(月)收入额－准予扣除项目－修缮费用(800 元为限)]
×(1－20％)×20％

7. **财产转让所得应纳税额的计算**

其计算公式为：

$$应纳税额=(收入总额-财产原值-合理税费)\times 20\%$$

8. 利息、股息、红利所得应纳税额的计算

其计算公式为:

$$应纳税额=每次收入额\times 20\%$$

9. 偶然所得和其他所得应纳税额的计算

其计算公式为:

$$应纳税额=每次收入额\times 20\%$$

个人所得税有代扣代缴和纳税人自行申报两种缴纳方式。代扣代缴是指按照税法规定负有代扣代缴义务的单位和个人在向个人支付应税所得时，直接从其所得中扣除应纳个人所得税的一种方式。这种方法有利于从源头上予以控管，防止纳税人偷逃缴纳个人所得税。如工资发放时，在工资条上打着扣税项目的，就属于代扣代缴；还有储蓄存款利息个人所得税由银行直接扣缴。自行申报是指纳税人在税法规定的期限内自行向税务机关申报的一种方式。根据现行税法规定，纳税人从两处取得工资、薪金收入的，或取得了应纳税所得却没有扣缴的，由纳税人自行向税务机关申报缴纳。同时，税法还规定，年所得超过12万元的个人，无论其平常取得的各项所得是否已足额缴纳了个人所得税，年度终了后，应于次年的1月1日至3月31日期间到主管地方税务机关办理纳税申报。

> 人不在富，诚信则名；
> 税不在多，依法就行。
> 涓涓细流，汇聚江海；
> 人尽其力，民强国兴。

（三）土地增值税

土地增值税是指转让国有土地使用权、地上的建筑物及其附着物并取得收入的单位和个人,以转让取得的收入为计税依据向国家缴纳的一种税。土地增值税主要由房地产开发企业缴纳。计算土地增值税的公式为:

$$应纳土地增值税＝增值额×税率$$

公式中的"增值额"为纳税人转让房地产所取得的收入减除扣除项目金额后的余额。

纳税人转让房地产所取得的收入,包括货币收入、实物收入和其他收入。扣除项目包括取得土地使用权所支付的金额,开发土地的成本费用、新建房及配套设施的成本费用或者旧房及建筑物的评估价格,与转让房地产有关的税金、财政部规定的其他扣除项目等。

土地增值税实行四级超率累进税率:

增值额未超过扣除项目金额50%的部分,税率为30%。

增值额超过扣除项目金额50%、未超过扣除项目金额100%的部分,税率为40%。

增值额超过扣除项目金额100%、未超过扣除项目金额200%的部分,税率为50%。

增值额超过扣除项目金额200%的部分,税率为60%。

以上所列四级超率累进税率,每级"增值额未超过扣除项目金额"的比例,均包括本比例数。

计算土地增值税税额,也可按增值额乘以适用的税率减去扣除项目金额乘以速算扣除系数的简便方法计算,具体公式为:

(1) 增值额未超过扣除项目金额50%:

$$土地增值税额＝增值额×30\%$$

(2) 增值额超过扣除项目金额50%,未超过100%:

$$土地增值税额＝增值额×40\%－扣除项目金额×5\%$$

(3) 增值额超过扣除项目金额100%,未超过200%:

土地增值税额＝增值额×50%－扣除项目金额×15%

(4) 增值额超过扣除项目金额200%：

土地增值税额＝增值额×60%－扣除项目金额×35%

公式中的5%,15%,35%为速算扣除系数。

纳税人应当自转让房地产合同签订之日起7日内向房地产所在地主管税务机关办理纳税申报,并在税务机关核定的期限内缴纳土地增值税。

三、财产税类

财产税类是指以纳税人拥有或支配的财产为课税对象的税种体系。这里的财产是指经过人类劳动所创造的物质财富,包括动产和不动产两大类。从世界各国税收实践看,税法一般把土地和土地上的各种附属物、设施,室外的车船等都列入征税范围,对室内财产及无形资产一般则不予征税。我国现行税制中属于财产税的税种包括房产税和车船税。

（一）房产税

房产税是以房产为征收对象,按照房屋的计税余值或租金收入,向产权所有人征收的一种财产税。房产税的纳税人是房屋的产权所有人,具体包括房屋产权所有人、房产承典人、房产代管人或使用人。在实际生活中,并不是所有的房产都要缴纳房产税,房产税只限于城市、县城、建制镇和工矿区的经营性房屋。

房产税的征税方式有从价计征和从租计征两种。

(1) 所谓从价计征,是指按照房产原值一次减除10%～30%后的余值为计税依据计算缴纳,具体减除幅度,由省、自治区、直辖市人民政府规定。税率为年税率1.2%。其计算公式为：

年应纳税额＝应税房产原值×(1－扣除比例)×1.2%

(2) 所谓从租计征,是指以房产租金收入为计税依据计算缴纳应纳税额。

税率为12％。其计算公式为：

$$应纳税额 = 租金收入 \times 12\%$$

具备房屋功能的地下建筑，也应当缴纳房产税。

（二）车船税

车船税是以车船为征税对象，向拥有车船的单位和个人征收的一种税。车船税的纳税人是在我国境内车船的所有人或者管理人。这里的车船，主要是指依法应当在车船管理部门（公安、交通、农业、渔业、军事等）登记的车辆和船舶。其中，车辆是指机动车，主要包括载客汽车、载货汽车、三轮汽车、低速货车、摩托车、专项作业车和轮式专用机械车；船舶是指机动船和非机动驳船。

车船税采用有幅度的定额税率，即根据车辆的不同类型和船舶的不同吨位分别规定一个最低到最高限度的定额税额，同时授权省、自治区、直辖市人民政府在规定的税额幅度内，根据当地的实际情况自行确定本地区的适用税额。

车船税具体税目、税率详见表2-10。

表2-10　　　　　　　　**车船税具体税目、税率表**

税　目	计税单位	每年税额	备　注
载客汽车	辆	60元至660元	包括电车
载货汽车、专项作业车	自重吨位	16元至120元	包括半挂牵引车、挂车
三轮汽车、低速货车	自重吨位	24元至120元	
摩托车	辆	36元至180元	
船舶	净吨位	3元至6元	拖船和非机动驳船分别按船舶税额的50％计算

车船税应纳税额计算公式为：

应纳税额＝应纳税车辆数量或者自重吨位×适用税额标准

应纳税额＝应纳税船舶净吨位×适用税额标准

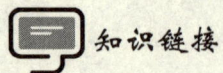

调整车船税

车船税是按照车辆的不同类型和船舶的不同吨位分别规定不同的幅度税额的。那么车辆类型的划分就显得极为重要。我国现行政策规定，载客汽车按照座位数量为标准确定其类型，载货汽车以自重吨位为标准确定类型。一个地区的轿车，不论是宝来还是宝马、奥迪，只要座位数一样就要缴纳一样多的税。而对货车来说，自重吨位越大，缴的税就越多。

2010年5月，国家有关部门已初步拟定调整车船税的草案，该草案正在征求部分车企意见。与以往按座位和车型大小征税的模式不同，草案改为按排量征税，并大幅提高征税金额。

四、资源税类

资源税类是对从事资源开发或者使用城镇土地者征收的一类税，包括资源税和城镇土地使用税，它体现了国有资源的有偿使用，并可以对纳税人取得的资源级差收入进行调节。

（一）资源税

资源税是对在我国从事应税矿产品开采和生产盐的单位和个人征收的一种税，我国征收资源税是为了保护和促进自然资源的合理开发与利用，适当调节自然资源级差收入。

资源税按照产品类别从量定额计征，实行等级幅度税额标准。其税目、税率详见表2-11。

表2-11　　　　　　　　资源税税目、税率表

税　　目		税　额　幅　度
一、原油		8～30元/吨
二、天然气		2～15元/千立方米
三、煤炭		0.3～5元/吨
四、其他非金属原矿		0.5～20元/吨、克拉或立方米
五、黑色金属矿原矿		2～30元/吨
六、有色金属矿原矿		0.4～30元/吨
七、盐	固体盐	10～60元/吨
	液体盐	2～10元/吨

纳税人具体适用的资源税额标准的,由财政部和国务院有关部门根据纳税人所开采、生产应税产品的资源状况,在税法规定的税额标准幅度以内确定。

其应纳税额计算公式为：

应纳税额＝应税产品课税数量×适用税额标准

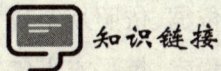

资源税改革

资源税课税范围理论上包括诸如土地、矿藏、水流、森林、山岭、草原、荒地、滩涂,乃至动植物等所有自然资源。我国现行的资源税始自1994年的那次大规模的税制改革。在税制设计上,当时偏重调节资源的级差收益,仅选择了原油、天然气、煤炭、其他非金属矿原矿、黑色金属矿原矿、有色金属矿原矿和盐等7类级差收益大的产品征税,并选择了简便易行的从量定额征收方式。正是由于上述原因,尽管我国近年来对资源税税额标准不断随行就市地进行微调,但是对应目前资源品价格比20世纪资源税开征时大多有几倍甚至几十倍的涨幅,现行资源税仍然对市场价格缺少弹性,既不能反映资源的稀

缺程度,也不能对节能起到激励作用,改革势在必行。资源税改革的主要方向为:扩大征收范围;征收方式由目前的从量定额计征改为从价计征为主、从量定额计征为辅;对部分稀缺资源采取高税收政策。比如说,耕地、水、森林、草场、滩涂等或被纳入征税范围;原油、天然气、煤炭的征收方式则会由过去的从量定额计征改为从价定率计征。

资源税改革已在新疆率先试点。2010年6月2日,财政部和国家税务总局联合公布了新疆资源税改革方案细则,原油、天然气资源税由从量计征改为从价计征,税率为5%。我国酝酿数载的资源税改革,以新疆先行的方式迈出了关键性的一步。12月1日起,内蒙古原油、天然气的资源税由"从量计征"改为"从价计征",税率为5%。

(二)城镇土地使用税

土地是人类宝贵的自然资源。为了合理利用城镇土地,调节土地级差收入,提高土地使用效益,加强土地管理,我国对土地实行税收调控。在我国境内的城市、县城、建制镇和工矿区使用国有土地的单位和个人都应当缴纳城镇土地使用税。

城镇土地使用税以纳税人实际占用的土地面积为计税依据,依照规定税额计算征收。城镇土地使用税适用有地区差别的幅度定额税率,每平方米年税额如下:

(1) 大城市1.5元至30元。

(2) 中等城市1.2元至24元。

(3) 小城市0.9元至18元。

(4) 县城、建制镇、工矿区0.6元至12元。

一个地区具体的税额标准由市、县人民政府根据实际情况,在省、自治区、直辖市人民政府按照市政建设状况、经济繁荣程度等条件确定的适用税额幅度内制定。

城镇土地使用税按年计算、分期缴纳,纳税人用多少年的土地,就得缴纳多少年的税。特殊用地,国家规定可以免税。如对人民军队、人民团体、国家机关的用地,宗教寺庙、公园、名胜古迹自用的土地,市政街道、广场、绿化地带等公共用地,直接用于农、林、牧、渔业的生产用地,免征城镇土地使用税。

五、行为目的税类

 税务趣闻

传奇的"印花税"

印花税作为一个古老的税种,1624年创始于荷兰。公元1624年,荷兰政府发生经济危机,财政困难。当时执掌权力的统治者摩里斯(Maurs)为了解决财政上的需要,想用增加税收的办法来解决支出的困难,但又怕人民反对,便要求政府的大臣们出谋献策。众大臣议来议去,就是想不出两全其美的妙法来。于是,荷兰的统治阶级就用公开招标的办法,以重赏来寻求新税设计方案,谋求敛财之妙策。印花税,就是从千万个应征者设计的方案中精选出来的"杰作"。可见,印花税的产生较之其他税种,更具有传奇色彩。

印花税的设计者可谓独具匠心。他观察到人们在日常生活中使用契约、借贷凭证之类的单据很多,连绵不断,所以,一旦征税,税源将很大;而且,人们还有一个心理,认为凭证单据上由政府盖个印,就成为合法凭证,在诉讼时可以有法律保障,因而对缴纳印花税也乐于接受。正是这样,印花税被资产阶级经济学家誉为税负轻微、税源畅旺、手续简便、成本低廉的"良税"。

行为目的税类是指国家为了特定目的或者针对纳税人的特定行为而征收的一类税收。其特点是税种多,税源分散、政策性强、调解范围明确,税负直接,难以转嫁,属于地方财政收入来源。我国现行税制中行为目的税类包括印花税、契税、车辆购置税、耕地占用税、烟叶税、城市维护建设税、固定资产投资方向调节税(暂缓征收)、船舶吨税。这类税收是政府为了达到特定目的,对特定对象进行调节而设置的。如车辆购置税是国家为了筹集用于提供

道路、交通等公共产品的资金而征收的;耕地占用税是为了保护耕地,对占用耕地建房或从事非农业建设的行为进行调控而征收的;城市维护建设税是为了加强和维护城市建设,扩大和稳定城市维护建设资金来源而开征的一种税;船舶吨税的开征主要是为了港口建设维护及海上干线公用航标的建设维护等。

（一）印花税

印花税是对经济活动和经济交往中书立、领受税法规定的应税凭证征收的一种税。根据应税凭证的不同性质,印花税分别按合同金额依比例税率或者按件定额计算应纳税额。比例税率有 1‰、0.5‰、0.3‰ 和 0.05‰ 四档,比如购销合同按购销金额的 0.3‰ 贴花,加工承揽合同按加工或承揽收入的 0.5‰ 贴花,财产租赁合同按租赁金额的 1‰ 贴花,借款合同按借款金额的 0.05‰ 贴花等;权利、许可证等按件定额贴花 5 元。

证券交易印花税,又叫股票印花税,是从普通印花税中发展而来的,是专门针对股票交易发生额征收的一种税。按照税法规定只对卖出方(或继承、赠与 A 股、B 股股权的出让方)征收,基本税率为 1‰。

（二）契税

契税以出让、转让、买卖、赠与、交换发生权属转移的土地、房屋为征税对象征收,承受的单位和个人为纳税人。出让、转让、买卖土地房屋的计税依据为成交价格,赠与土地、房屋的计税依据由征收机关核定,交换土地、房屋的计税依据为交换价格的差额。税率为 3%～5%。纳税人应当自纳税义务发生之日起 10 日内办理纳税申报,并在契税征收机关核定的期限内缴纳税款。

（三）车辆购置税

车辆购置税是对购置汽车、摩托车、电车、挂车、农用运输车等应税车辆的单位和个人征收的一种税。车辆购置税实行从价定率的方法计算应纳税额,计税依据为纳税人购置应税车辆而支付给销售者的全部价款和价外费用

(不包括增值税),税率为10%。国家税务总局参照应税车辆市场平均交易价格,规定不同类型应税车辆的最低计税价格。

税法规定,车辆购置税选择单一环节,实行一次征收制度,纳税人购置应税车辆的,应当自购置之日起60日内申报纳税并一次缴清税款。若购置的是已纳车辆购置税的车辆,如二手车,就不需再缴纳了。

(四)耕地占用税

耕地占用税是国家对占用耕地建房或者从事其他非农业建设的单位和个人,依据实际占用耕地面积,按照规定税额一次性征收的一种税。

耕地占用税适用地区差别定额税率,以县为单位,按各地区人均占有耕地面积的多少和经济发展情况,规定高低不同的耕地占用税适用税率。一般来讲,经济发达、人口稠密、人均耕地较少、土地位置较好、非农业建设占用耕地问题突出的地区,耕地占用税定额税率就高一些;反之,经济发展水平相对较低、人口较少、人均耕地较多的地区,耕地占用税定额税率就低一些。

耕地占用税暂行条例规定的税额分四个档次:

(1)全县人均耕地不超过1亩的,单位税额为每平方米10元至50元。

(2)全县人均耕地超过1亩但不超过2亩的,单位税额为每平方米8元至40元。

(3)全县人均耕地超过2亩但不超过3亩的,单位税额为每平方米6元至30元。

(4)全县人均耕地超过3亩的,单位税额为每平方米5元至25元。

(五)城市维护建设税

城市维护建设税是对缴纳增值税、消费税、营业税的单位和个人征收的一种税。它以纳税人实际缴纳的增值税、消费税、营业税为计税依据,区别纳税人所在地的不同,分别按7%(在市区)、5%(在县城、镇)和1%(不在市区、县城或镇)三档税率计算缴纳。城市维护建设税分别与增值税、消费税、营业税同时缴纳,因此又被称为"影子税"。

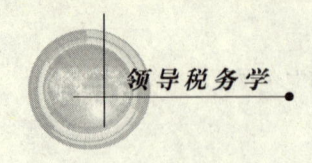

(六) 烟叶税

烟草是一个传统行业,我国过去对烟叶征收农林特产税,在 2006 年全面取消农业税的背景下,为了调节烟叶生产,保护烟叶生产地政府的财源,国家在取消农林特产税之后,将烟叶税单独列出,开征了烟叶税。

在中华人民共和国境内收购烟叶的单位为烟叶税的纳税人。烟叶税的计税依据是烟叶收购金额[收购金额＝收购价款×(1＋10%)],税率为 20%,应纳税额的计算公式为:

$$应纳税额＝烟叶收购金额×税率$$

(七) 船舶吨税

船舶吨税是对在中国港口行驶的外国籍船舶、外商租用的中国籍船舶,以及中外合营企业使用的中外国籍船舶征税。它可以看作是一国船舶使用了另一国的助航设施而向该国缴纳的一种税费。船舶吨税也有"灯塔税"之称。

船舶吨税的纳税人为拥有或租有进出我国港口的国际航行船舶的单位和个人。船舶吨税以船舶注册净吨位为计税依据,按船舶净吨位和使用期确定定额累进税额标准,根据纳税人的不同,分别适用一般累进税额标准和优惠累进税额标准,计税公式为:

$$应纳税额＝应税船舶净吨位×税额标准－速算扣除数$$

第三节 企 业 税 收

(一) 企业都缴什么税

面对这么多种税,企业到底应该缴纳哪些税呢? 一个企业并不是什么税都要缴,不同的企业,其经营范围和业务内容不同,所需要缴纳的税也不同。一般来说,企业的生产经营活动会涉及以下税收。

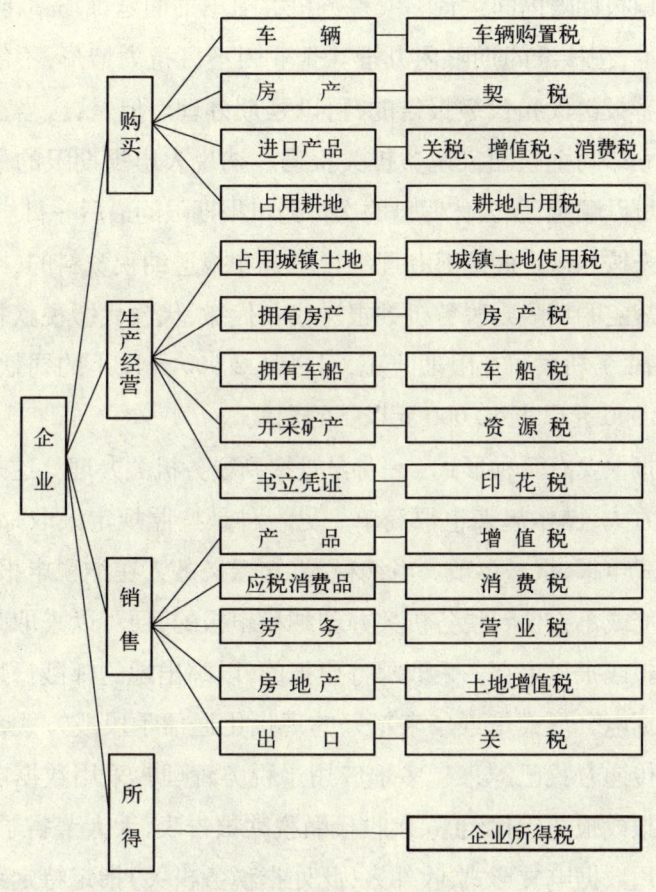

图 2-1 企业应纳税收示意图

(二) 企业纳税申报与税款缴纳

企业作为纳税人或扣缴义务人,应当按照法律、行政法规规定或者在税务机关依照法律、行政法规规定确定的申报期限内办理纳税申报。企业办理纳税申报时,需要报送纳税申报表、财务报表以及税务机关根据实际需要要求纳税人或扣缴义务人报送的其他纳税资料。税务机关要求纳税人报送的其他纳税资料,一般来说包括与纳税有关的经济合同、协议书,固定工商业户外出经营税收管理证明,境内外公证机关出具的有关证件等。

企业应当按照规定的期限办理纳税申报。如确有困难,需要延期的,应当在规定的申报期限内向主管国家税务机关提出书面延期申请,经主管国家税务机关核准,在核准的期限内办理。企业因不可抗力情形,不能按期办理纳税申报或者报送代扣代缴报告的,可以延期办理。但是,应当在不可抗力情形消除后立即向主管国家税务机关报告。纳税人申报期限的最后一日如遇公休假日可以顺延,以公休假日的次日为申报期限的最后一日。

纳税人未按照规定的期限办理纳税申报和报送纳税资料的,或者扣缴义务人未按照规定的期限向税务机关报送代扣代缴、代收代缴税款报告表和有关资料的,由税务机关责令限期改正,可以处2 000元以下的罚款,情节严重的,可以处2 000元以上10 000元以下的罚款。

纳税申报主要有两种形式:一种是直接到税务机关办理。这是一种最直接最常见的方式,操作起来也很简单。另一种是按照规定采取邮寄、数据电文或其他方式申报、报送事项。当纳税人、扣缴义务人在纳税申报期限内,因各种原因不能或不方便到税务机关办理纳税申报的,便可以采取邮寄的方式办理纳税申报或报送事宜。采取邮寄申报的,以邮出地的邮戳日期为实际申报日期。数据电文形式是近年来新兴的现代化通信手段或方式,这种高速、快捷的信息传递方式已越来越多地应用于税务管理。采用数据电文的方式进行纳税申报或报送代扣代缴、代收代缴税款报告表,大大节省了时间,提高了效率。采用数据电文形式,收件人(此处指税务机关)指定特定系统接收数据电文的,该数据电文进入该特定系统的时间,视为申报、报送到达的时间;未指定特定系统的,该数据电文进入收件人的任何系统的首次时间,视为到达时间。

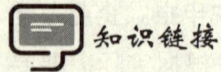

部分税种的申报期限

增值税的纳税期限分别为1日、3日、5日、10日、15日、1个月或者1个季度。纳税人的具体纳税期限,由主管税务机关根据纳税人应纳税额的大小分别核定;不能按照固定期限纳税的,可以按次纳税。纳税人以1个月或者1

个季度为一个纳税期的,自期满之日起15日内申报纳税;以1日、3日、5日、10日或者15日为1个纳税期的,自期满之日起5日内预缴税款,于次月1日起15日内申报纳税并结清上月应纳税款。纳税人进口货物,应当自海关填发税款缴纳凭证的次日起15日内缴纳。

消费税的纳税期限分别为1日、3日、5日、10日、15日、1个月或者1个季度。纳税人的具体纳税期限,由主管税务机关根据纳税人应纳税额的大小分别核定;不能按照固定期限纳税的,可以按次纳税。纳税人以1个月或者1个季度为一个纳税期的,自期满之日起15日内申报纳税;以1日、3日、5日、10日或者15日为一个纳税期的,自期满之日起5日内预缴税款,于次月1日起15日内申报纳税并结清上月应纳税款。纳税人进口应税消费品,应当自海关填发海关进口消费税专用缴款书之日起15日内缴纳税款。

营业税的纳税期限,分别为5日、10日、15日、1个月或1个季度。纳税人以1个月或1个季度为一期纳税的,自期满之日起15日内申报纳税;以5日、10日或者15日为一期纳税的,自期满之日起5日内预缴税款,于次月1日起15日内申报纳税并结清上月应纳税款。纳税人不能按照固定期限缴纳营业税的,可以按次纳税。

企业所得税实行按年计征,分月或分季预缴,年终汇算清缴,多退少补的办法。纳税人按月或者按季预缴的,应当自月份或者季度终了之日起15日内,向税务机关报送预缴所得税申报表,预缴税款,在报送企业所得税纳税申报表时,应当按照规定附送财务会计报告和其他有关资料。企业在纳税年度内无论盈利或者亏损,都应当按照《企业所得税法》规定的期限,向税务机关报送预缴所得税纳税申报表、财务会计报告和税务机关规定应当报送的其他有关资料。年度终了后45日,向其所在地主管税务机关报送会计决算报表和所得税申报表。纳税人在纳税年度内无论盈利或亏损,都应当按照规定的期限,向当地主管税务机关报送所得税申报表和年度会计报表。自年度终了之日起5个月内,向税务机关报送年度企业所得税纳税申报表,并汇算清缴,结清应缴应退税款。企业在年度中间中止经营活动的,应当自实际经营中止之日起60日内,向税务机关办理当期企业所得税汇算清缴。

企业作为个人所得税扣缴义务人时,每月所扣的税款,应当在次月7日内缴入国库,并向主管税务机关报送《扣缴个人所得税报告表》、代扣代收税款凭证和包括每一纳税人姓名、单位、职务、收入、税款等内容的支付个人收入明细表以及税务机关要求报送的其他有关资料。

第三章 精耕细作——领导如何管理合同和发票

公元前202年,刘邦与项羽在荥阳相持不下,于是签订停战条约,双方约定"中分天下,割鸿沟而西者为汉,鸿沟而东者为楚",条约签订后,项羽解而东归。刘邦却不依约西归,而是"用留侯、陈平计,乃进兵追项羽"。将项羽围于垓下之围,后项羽兵败,却拒渡乌江,自刎而死。

项羽这位帅哥太悲剧了,好不容易签了个合同,却没好好审查一下当事人的资格,签订的时候也没有担保。合同的约束力、签约方式、履约问题的防范等,项羽都没有考虑到,他不失败才怪呢。

合同和发票,都是企业经营管理过程中的关键证据。其重要性不言而喻,如果领导者不重视,很可能发生像项羽自刎乌江一样的悲剧。

一、合同的涉税管理

(一) 合同与税收的关系

经济合同通常是企业从事经济活动的基础和前提,无论哪种合同,其目的都是将整个业务过程通过合同形式约定下来,并共同遵守。因此,合同决定了业务过程,业务过程又决定了税收。所以,合同是产生税收的经济根源,经济合同一旦履行,必将产生纳税义务。

合同与税收有着密切的关系,但是企业在签订经济合同时往往只关注双方的权利、义务及法律风险,却很少关注涉税条款的描述。

负责起草合同的律师或企业有关部门往往并不知晓税法是如何规定的。

纳税人与税务机关的许多纳税争议均源于经济合同中涉税条款的不明确。税收政策多如牛毛，一旦税务机关认定错误，纳税人的合法权益将得不到保护。如果不对经济合同的涉税条款事前审核将给公司带来重大损失。在现实生活中，因为合同的原因垫付或多缴税款的问题却时有发生，因而企业在生产经营过程中应引起重视。

对经济合同涉税条款的规范还有利于事前税务筹划，例如，某企业将闲置的厂房对外出租，如果租赁合同中没有将房租、设备租金和场地使用费合理划分，将会导致多缴房产税；许多促销合同中的"赠送"行为，常被税务机关视同销售征税；甚至地方政府与企业签订的招商引资合同中也有无效的减免税条款，而得不到履行。这样的案例，每天都在发生。以下举例说明。

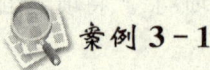
案例3-1

分开签订合同，依法节约税金支出

某企业为增值税一般纳税人，某年1月将600平方米的房屋出租给一个商贸公司，租金为每平方米200元（包括水电费）。每月租金为12万元。当月，商贸公司用电10 000千瓦时，购进价每度为0.6元；用水3 000吨，购进价每吨为3元。

根据税法规定，该企业应该缴纳营业税为：120 000×5% = 6 000(元)

应该缴纳房产税为：120 000×12% = 14 400(元)

合计为：14 400 + 6 000 = 20 400(元)

企业通过筹划，与该商贸公司分别签订金额为105 000元的房屋租赁合同和金额为15 000元的转售水电合同，分别核算收入，则每个月可以节省的营业税和房产税为：

$$15\ 000×(5\%+12\%)=2\ 550(元)$$

1年下来就可以节约税金30 600元。

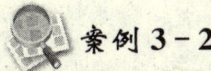 **案例 3-2**

房屋与设备分开签订租赁合同可以节约税金

某企业由于生产经营困难,打算连同厂房、设备一起出租给一个民营企业,双方谈定厂房连同设备1年的租金是1 000万元,然后双方签订了租赁合同。

租赁合同大致内容是:甲方是国有企业,乙方是民营企业,甲方同意将厂房连同设备租给乙方,乙方支付厂房和设备租金1年1 000万元,签订合同后,乙方先付一半的租金,年底再付另一半的租金。

这个合同没有充分考虑税收税法的规定。

如果甲方按照现在的合同,将厂房连同设备一起出租,意味着甲方要交的房产税为120万元(1 000×12%);缴纳营业税为50万元(1 000×5%),房产税与营业税合计为170万元。

如果甲方将该合同改为两个合同,即厂房出租合同和设备出租合同,以每年200万元的租金出租厂房,而出租设备的租金为每年800万元,虽然两项租金合计仍为1 000万元,但最终纳税总额却因将合同改为厂房与设备这两个出租合同而相应地发生明显改变。

厂房作为不动产出租,甲方缴纳的房产税为24万元(200×12%);缴纳的营业税不变,仍为50万元,这样甲方就节省房产税96万元(120-24)。

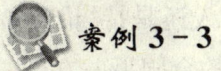 **案例 3-3**

签订三方合同可以节约税金

某建设单位要建设一锅炉房,合同总价款为1 000万元,其中锅炉价格600万元。某施工企业承建了此项业务,并和建设单位签订了承包合同。施工企业应缴纳的营业税为:

$$1\,000 \times 3\% = 30(万元)$$

这1 000万元的总造价中,包括锅炉价格600万元。若签订三方合同,施工企业负责施工,总合同价款为400万元;锅炉厂负责供应锅炉,合同价款为600万元。则施工企业应缴纳的营业税为:

$$400 \times 3\% = 12(万元)$$

在锅炉厂缴纳的税金没有变化的前提下,施工企业的税负由30万元降低到12万元,降低率为60%,实属可观。

从上述三个例子中可以看出,合同与税收有着密切的关系。企业在签订销售合同时,不仅要注重合同的格式,着重研究法律文书的表达方式,以避免引起法律纠纷,还应当充分了解税务规定,避免因合同的原因垫付或多缴税款。因此,在合同管理制度中要保证如下两点:

(1) 所有合同签订前,必须经财务进行涉税审查,并提出涉税审查意见。

(2) 非经财务部税审同意并签字的合同,任何单位不得对外签订,合同专用章管理部门不得改单。

(二) 合同的订立

1. 合同当事人资格审查

合同当事人是指符合法律规定的条件设立并履行或变更、终止合同关系的合同主体。合同当事人是谁?这个看似不应成为问题的问题,在实际的经济生活中却引发了不少的纠纷和争议。不少合同的当事人还是持"谁签合同,谁就是当事人"的浅显认识,在并未厘清签约人与真正的合同另一方当事人之间的关系的情况下订立合同,最终使合同无效或掉进别人设下的陷阱之中。因此,认准对方合同当事人,弄明白自己到底和谁订立合同,并学会审查对方当事人订立合同的资格,这对每一位准备订立合同的当事人来说是非常重要的,否则稍有不慎便会掉进陷阱或导致风险产生。

根据合同法的规定,自然人、法人和其他组织均可以成为合同当事人。但这并不意味着所有的自然人、法人和其他组织都可以实施订立合同的行为。当事人订立合同,应当具有相应的民事权利能力和民事行为能力。

(1) 合同当事人应具有民事权利能力。民事权利能力是指法律赋予民事主体享有民事权利和承担民事义务的资格。凡是我国的自然人、法人、其他组织以及在中国的外国自然人、法人、其他组织和无国籍人,均可根据中国法律成为合同的当事人。

(2) 合同当事人应具有民事行为能力。民事行为能力,是民事主体以自己的行为取得民事权利、承担民事义务的资格。合同当事人所具有的订立合同的行为能力,又称合同能力。合同能力分为公民的合同能力、法人的合同能力和非法人团体的合同能力。

在公民的合同能力中,完全民事行为能力人具有完全缔约能力。限制民事行为能力人有权与他人订立合同,但其订立的合同因性质不同而产生不同的效力,如有的属于效力待定的合同,需要经其法定代理人追认才能生效。无民事行为能力人在原则上不允许其参与订立合同。

企业法人应当在核准登记的经营范围内从事经营,也就是说,其只能在经营范围内享有合同能力。出于鼓励企业发挥经营自主权,扩大生产和交换以及保障交易安全的目的,当事人超越经营范围订立合同的,人民法院不因此认定合同无效。但法人要受到一定的限制:第一,不得超越法人章程规定的范围。第二,不得违反国家限制经营、特许经营以及法律、行政法规禁止经营的规定。

非法人团体,如合伙企业、事业单位、科技团体等,允许其订立与其能够支配的经费或财产相适应的以及与其经营范围有关的合同,并由其在这一范围内与其所属的法人承担连带责任,但未经其所属的法人授权,其不得以其所属的法人的名义订立合同。

2. 合同必须具备的条款

合同条款是指当事人达成合意的具体内容。合同一般应包括以下条款:当事人的名称或姓名、住所、标的、数量、质量、价款或报酬、履行期限、地点和方式、违约责任、解决争议的方法。不同类型的合同对主要条款的要求各不相同。如果一个合同,根据其性质,应当具备上述所有条款,缺乏这些条款,将会导致合同不能成立;而如果根据其性质,只需具备其中的某些条款,即使缺乏另一些条款,仍能成立合同。

3. 合同订立过程中的法律责任

在现实生活中,合同的失效、不能成立等,往往并不仅仅是因为当事人意思表示不一致造成的,如要约或承诺传递失实、标的物错误、承诺发出后于生效前要约人死亡,或如一方反悔等,都会使合同失效或不能成立,而这又往往会导致一方当事人的损失。

在合同订立过程中,会出现一些陷阱,而这些陷阱正是有这些应当承担缔约过失责任的当事人制造的。这些陷阱并不容易发现,有时候即便注意到了,却因为"道高一尺,魔高一丈"而功亏一篑。但是,如不小心落入陷阱并不意味着要自己来承担损失。合同法赋予了受害方追究对方缔约过失责任的权利。以下是一些常见的典型案例:

(1) 假借订立合同,恶意进行磋商。也即借订立合同之名,行损害对方或第三人利益之实的行为。比如,一方为了窃取竞争对手的技术秘密,假意与其洽谈技术合作之事,待目的达到,即终止双方的谈判,致使双方的技术转让或合作合同不能成立。

 案例 3-4

A 公司借订立合同之名行独占市场之实

市场上空调行情看涨,A 公司为独占市场,假意与同行 B 公式联系,称自己有空调存货若干欲出售,诱使 B 公司与自己谈判;同时,A 公司又与几大空调生产商签订了空调销售协议,取得了这几个品牌在这一地区的独家经销权。然后,再制造事端,造成与 B 公司谈判破裂。待到酷暑来临,A 公司空调热销大发其财,B 公司则丧失商机,望洋兴叹。

(2) 在订立合同的过程中隐瞒重要事实或者提供虚假情况。所谓隐瞒重要事实或者提供虚假情况的行为即欺诈行为。

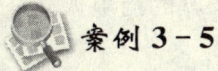案例 3-5

B 化肥厂为取得合同而实施欺诈行为

A 农资公司找到 B 化肥厂询问该厂是否生产磷肥,若可以生产则欲购买 50 吨。B 化工厂本来根本无磷肥生产许可证,也无相应生产条件,但为取得这份合同,B 化工厂谎称自己有生产能力,诱使 A 农资公司与自己签订了磷肥购销合同。此后 B 化工厂在无专业设备和技术人员的情况下,土法上马制造了几十吨质量低劣、无法使用的"磷肥",使许多农民在购买了这批化肥后,生产遭受了巨大损失,农资公司也因此声誉扫地。

(3) 其他违背诚实信用原则的行为。比如,双方已达成合意,一方已在书面合同上签字,另一方却拒绝签字盖章;因一方没有办理法定手续致使合同不成立或不能生效。

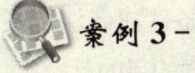案例 3-6

B 公司借谈判之名行掠夺专利之实

A 电子研究所开发新型电子稳压器,并申请了专利。B 公司为了不劳而获取得这份新技术,假意与 A 研究所进行这项专利技术转让协议的谈判。在谈判中却将专利技术的有关图纸、数据私自复印并进行仿制生产,然后接口这项技术已落后而退出谈判。1 个月后,B 公司仿制的电子稳压器推向市场,销路非常好,却使 A 研究所白白献上了自己的专利。

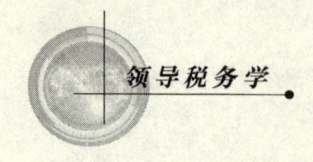

4. 谨慎签订格式合同

格式合同又称定式合同,是指双方当事人采用格式条款缔结的合同。而格式条款是指一方当事人为了重复使用而预先拟定,并在订立合同时未与对方协商的条款。相对于相对人而言,格式合同中提供格式条款的当事人往往拥有占优势的经济实力和地位,使得格式和合同具有垄断性。

少数格式条款合同提供方所处的垄断地位使得另一方当事人不得不"丧权签约",这种情况广泛存在于许多公用事业领域(如邮电、交通、能源、烟草等)。不少格式合同制作方往往在合同条款中设置圈套,利用另一方当事人对合同知识的不了解,为自己将来逃避责任打下埋伏。在格式合同中设置解释权便是典型例子。

采用格式条款来规定合同权利义务,能使交易更加便捷和方便,与此同时,我们还要注意防范格式合同中的陷阱和风险。在签订合同前,仔细审查合同条款,防患于未然。合同的每个字甚至每个标点,都要认真推敲,反复琢磨,力求合同条款完备、准确、不生歧义,防止对方对合同条款玩文字游戏,随意曲解。重大合同可以请律师帮助签订,也可以到公证机关进行公证。

(三)合同效力

1. 合同签订的法律效力

合同签订之后,在满足一定条件的前提下合同即成立,成立后的合同并不自动生效,只有符合了法定的条件合同才能生效,不符合法定条件或者法定条件有瑕疵的合同将面临无效和被撤销的危险,从而使得订立合同的目的落空。

合同生效是指已经成立的合同因符合法律规定的要件而对当事人具有法律约束力。

无效合同是指欠缺合同生效要件,虽已成立却不能依当事人意思发生法律效力的合同。合同无效时自始无效,其不具备合同生效要件,自合同成立时即为无效,未曾发生过法律效力。合同部分无效,不影响其他部分效力的,其他部分仍有效。

可撤销合同是指已经生效,但当事人可行使法律赋予的撤销权使其溯及力无效的合同。可撤销合同的类型主要涉及当事人意思表示不真实的合同。可撤销合同成立后已发生效力,其无效仅在撤销权依法行使撤销权时才可能发生。可撤销合同在未被撤销之前已发生法律效力,当事人受其约束。

合同无效或被撤销后,当事人不受合同内容的约束,合同已经履行的,应终止履行,没有履行的,不再履行。同时,还会发生返还财产、赔偿损失等法律后果。

2. 合同效力的风险

(1) 与非完全民事行为能力人订立合同时的风险。由于无行为能力人和限制行为能力人在年龄和智力上的不足,在一般情况下,他们作出的设立、变更、终止民事法律关系的行为很难受到法律的承认。而这恰恰被不少合同当事人所忽视。

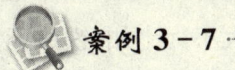

案例 3-7

无效的"课桌椅生产协议"

甲镇某中学与该镇木器加工厂联系一批课桌椅。加工厂老板因有急事外出,便临时叫自己有精神病的妻子签订了这份"课桌椅生产协议",承诺在 8 月 20 日以前交货。至 8 月 20 日,学校发现加工厂还未组织生产,遂要求加工厂立即组织生产并支付违约金,加工厂老板却以妻子患精神病,其订立的合同无效为由拒绝,课桌椅也迟迟未能生产,以致严重影响教学。

(2) 与代理人签订合同时的风险。随着经济快速发展,社会分工日趋精细,代理人这种接受委托、代表委托人的利益专门从事某项工作,并由委托人承担一切法律后果的社会角色在社会中日益为人们所熟悉。社会公众对代理人的信誉认同度较一般人而言高得多。这正是许多欺诈者设下代理人陷阱的原因之一。

案例 3-8

"介绍信"的骗局

某市印染厂职工张某取走了一份加盖公章的空白介绍信,于是张某在介绍信上写"兹介绍我厂业务经理张某前往贵处联系业务,请予接洽"的内容,而后持此介绍信与某市化工厂经销部联系购销合同,经销部工作人员仅凭介绍信就相信张某并与之签订了一份合同,但付款后久久不见对方发货,到印染厂一问才知上当。

(3) 合同中免责条款带来的风险。合同的免责条款是指当事人约定免除或者限制其未来责任的合同条款。免责条款是经当事人协商、同意的合同的组成部分,具有约定性,它的提出必须是明示的,一是免责事项,是指在什么情况下产生免责问题;二是免责范围,是指责任的类型和大小。比如,铁路运输合同中约定,托运人如未向承运人说明托运货物所需的特殊包装、装卸方式的,若发生托运货物应包装、装卸原因造成损坏,承运方概不负责。这便是典型的免责条款。

免责条款在对特定责任的约定的豁免性,是免责条款陷阱形成的前提。现实经济生活中,为平衡双方权利义务关系,很多合同都约定了相应的免责条款,为日后一旦发生争议时如何确定责任提供依据。很多人正是看中了免责条款可以将责任"推卸"得一干二净的好处,在合同中大量设置免责条款。

3. 合同效力的风险防范

(1) 前期准备要充分。前期准备的充分性是降低风险的有效方法。在签订合同时,要做好市场调查、签约主体资格审查和信用审查等工作。

市场调查包括市场经营环境、商品可供量、消费者可购买力及流通渠道等多方面的调查。

签约主体资格审查应注意从法人是否依法领取企业法人执照,法人的职能部门及没领取营业执照的所属部门是以谁的名义对外订立合同等方面加以考察。同时,还应对签约经办人的资格进行审查。

信用审查则要求当事人对对方的技术力量、人员素质、工商登记的注册资金和银行账户实有资金情况进行审查。

另外,对方当事人的生产能力、生产场所、原材料准备情况也是信用审查的重要内容之一。

(2) 注重合同性质的合法性和条款的完备性。当事人在订立合同时,首先,应注意合同内容的合法性,若签订了违法合同,则不能得到法律的认可。其次,合同条款要尽量做到齐全、清楚、确切、穷尽。力求将合同条款制定完备。为做到这点,要注意:第一,合同条款应引入制约,使双方权利、义务大致平衡,不致一方权利毫无保障而显失公平的合同条文出现;第二,合同条款文字应表述清楚,不可含糊其辞,或造成歧义;第三,文字意思应穷尽,不要一味追求提纲挈领,需要列举的事项务必一一列举,以防漏掉重要部分。

(3) 保证合同签订程序和手续的合法性。一般情况下,合同经过要约、承诺阶段即告成立,当事人应加以履行。但法律有关规定对一些特殊的合同要求特殊的程序履行手续,只有履行完毕这些手续,合同才真正具有法律效力。比如,房地产、土地使用权转让协议、特定物的抵押协议等。这类合同在订立时,当事人一定要遵照法律有关规定,前往有关主管部门审核批准或经过有关部门登记备案,切不可贪图便利。

(4) 做好签字工作。在合同签字时,应对合同内容再一次进行严格确认,确认重点是:合同示范文本或参考文本中的项目及当事人认为应反映的内容是否都已得到反映;合同文字有无写错、印错之处;签字人是否有签字能力和签字权限,是否自己署名、盖章。

(5) 合同陷阱的事后补救。虽然当事人可能做到了应有的谨慎,但恶意相对人总会找到一方当事人不注意的地方设置陷阱,导致一方当事人处于不利境地。在此情况下,当事人也不应惊慌失措,而应积极从法律中寻求帮助,通过法律途径维护自身合法权益。

(四)一般合同中的涉税条款

1. 价格条款

在价格条款中要注意以下方面:

(1) 价格是否包含税金。

(2) 合同收付款除合同订明价款以外,是否包括其他款项,如包括其他款项则应送财务部门审核。

(3) 适当利用模糊金额。有些合同在签订时无法确定计税金额,比如,技术转让合同中的转让收入,规定按销售收入的一定比例收取,或是按其实现的利润多少分成;又如,财产租赁合同只是规定了月(天)租金标准而无租赁期限。按照《印花税暂行条例》及其实施细则的规定,这类合同可在签订时先按 5 元贴花,以后结算时再按照实际的金额计税,补贴印花。纳税人可以利用这一规定延缓税款的缴纳时间,即在签订数额较大的合同时,即使能够明确合同金额,也有意使合同所载金额不最终确定,以达到暂时少缴印花税税款的目的。

案例 3-9

不确定合同的执行时限,延缓纳税

某设备租赁公司欲和某生产企业签订一租赁合同。如果在签订合同时明确规定年租金为 365 万元,则两企业均应缴印花税为 3 650 元。

如果两企业在签订合同时只规定每天的租金为 1 万元,而不确定租赁合同的执行时限,则根据上述规定,两企业只需各自先缴纳 5 元印花税,余下部分等到最终结算时才缴纳。这样,企业通过延缓纳税,获得了货币资金的时间价值。

2. 结算方式条款

在结算方式条款中要注意以下方面:

(1) 是否明确了收付款的方式;

(2) 赊销合同是否有明确的赊销时间段或者赊销的天数;

(3) 分期收款合同是否有明确的付款期和每次付款金额或者百分比;

(4) 按进度付款的合同是否明确了确定进度的方法。

交易双方采取的结算方式不同,其纳税义务发生的时间也不同。

若想获得结算方式上的税收利益,必须将结算方式体现在合同中。根据税法规定,纳税人在采取赊销和分期付款结算方式销售货物时,纳税义务的发生时间是合同约定的收款日期的当天。因此,在签订合同时,企业要做好签约前的准备工作,明确合同条款,尤其是要明确结算方式以及准确的收款时间,这样不仅可以获得税收利益,而且可以加强对购买方的监督。企业应组织有经验的、与销售有关(财务部门)的人员参与合同谈判。在谈判过程中,应加强履约管理,实时监测购买方的生产经营状况及现金流转情况,做到对购买方的情况了如指掌,避免陷入被动的催收货款的状态。如果对方生产经营出现问题,应及时利用代位权或请求人民法院行使撤销权等权利保护自己的利益。在履行合同后,应加强后合同管理,比如,建立与购买方的长期联系、履行后合同义务等。

如果企业有相应的资源,可以成立法律委员会(或小组),逐条审议合同条款,以使合同更有利于己方。比如,将预收的一部分货款改为定金方式,这样可以加大购买方的违约责任,从而有利于货款的收回;在求得采购方谅解的基础上,采用货款不到不开发票的方式,达到推迟纳税的目的;在购销合同中,注明按付款额开具销售额,余款作为借款;在销售合同中订立"所有权保留条款",以此确保企业的利益,尤其当企业无法按合同收回货款时,订立"所有权保留条款"不仅可以避免税款的损失,而且可以保护销售方的利益。

3. 发票条款

在发票条款中要注意以下方面:

(1) 是否明确了对方有按税务规定提供发票的义务。

(2) 是否明确了在取得对方提供的发票以后才能支付款项(预付款合同除外)。

4. 税务责任条款

在税务责任条款中,要注明:由于对方提供的票据不符合规定给本公司

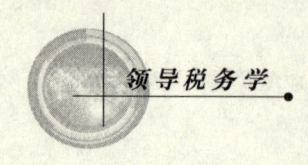

造成的损失,由对方承担赔偿责任。

5. 其他

一般合同中的涉税条款还应注意以下方面:

(1) 是否包括了销售和服务两项服务。

(2) 是否包括了适用不同税率的服务。

(3) 是否包括了非现金结算支付的方式。

如果包括不同的经济事项,应当分开核算,签订两张合同。

依据印花税的相关规定,同一张凭证,因记载有两个或两个以上经济事项而适用不同税目、税率,如分别记载金额的,应分别计算应纳税额,相加后按合计税额贴花;如未分别记载金额的,按税率高的计税贴花。例如,加工承揽合同的计税依据是加工承揽收入的金额,对于由受托方提供原材料的加工、定做合同,凡在合同中分别记载加工费金额和原材料金额的,应分别按"加工承揽合同"、"购销合同纳税"两项税额的相加数,即为合同应贴印花;若合同中未分别记载,则就全部金额依照加工承揽合同计税贴花,无论加工费和辅助材料金额是否分别记载,均以辅助材料与加工费的合计数,依照加工承揽合同计税贴花。对委托方提供的主要材料或原料不计税贴花。根据该项规定,在签订加工承揽合同时,如果由受托方提供原材料,则应该在合同中分别记载加工费和原材料金额,同时在总额不变的情况下,应该尽可能压缩加工费金额,增加原材料金额。

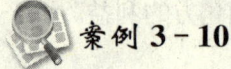 案例 3-10

分开核算 减少印花税

振兴铝合金门窗厂与安居建筑安装企业签订了一份加工承揽合同。合同中规定:振兴铝合金门窗厂受安居建筑安装公司委托,负责加工价值50万元的铝合金门窗,加工所需原材料由振兴铝合金门窗厂提供。振兴铝合金门窗厂收取加工费及原材料费共计45万元,并提供零配件,价值5万元。

(1) 未分开核算时,双方各自应纳印花税为250元。

(2) 如果振兴铝合金门窗厂将所收取的加工费金额与原材料金额分别核算，则能达到减少纳税的目的。如收取费用 45 万元，列明其中加工费为 10 万元，原材料费为 35 万元。则双方各自应纳印花税为 180 元。

分开核算，双方各自可以少纳税 70 元。

（五）常见合同的涉税管理

企业重要的经营活动大多需要运用合同规范管理，企业与利益相关者关系的确立与规范也应当以合同明确。如投资者之间要签订企业设立合同，企业才能生产；企业要与政府部门（财政、税务、工商等）以签订合同的形式，明确管理与被管理的关系；企业要与普通员工（中层以下经营、管理人员）签订劳动合同，才能形成合法的劳动关系；企业通过与高管人员（董事长、总经理等）签订经营责任书这种合同，保障经营任务的完成；最重要的是，企业要与市场上的各类合作者（供应商、客户以及其他）签订各类业务开展经营活动。

1. 采购合同

对于采购合同，一般要把握的原则是：尽可能延迟付款，善于利用"借鸡生蛋再还鸡"的技巧。具体来说，应从以下几个方面去着手：未付出货款，先取得对方开具的发票；使销货方接受托收承付与委托收款结算方式，尽量让对方先垫付税款；采取赊销和分期付款方式，使供货方垫付税款，而自身获得足够的资金调度时间；尽可能少用现金支付货款等。

采购合同一般常用的条款是：全部货款付完后，由供货方开具发票。然而在现实生活中，由于质量问题、标准差异等原因，经常会出现销售折让，无法全部付清款项。而根据合同是无法取得发票的，这样也就无法抵扣，从而会影响税负，多缴税款。若将条款改为按实际支付金额，由供货方开具发票，则问题就简单多了。

2. 销售合同

企业产品销售收入实现时间，在很大程度上决定了企业纳税人销售货物或者应税劳务的纳税义务发生时间，纳税义务发生时间又会有不同的税收负担。而不同的销售结算方式,决定着产品销售收入的实现时间不同,其纳税义务的发生时间也不同,适用的税收政策往往也不同。因此在签订销售合同时,必须遵循以下一些基本原则:

(1) 未收到货款不开发票。

(2) 尽量避免采用托收承付与委托收款的结算方式,防止垫付税款。因为采取这两种结算方式销售货物的纳税义务发生时间,为发出货物并办妥托收手续的当天。

(3) 在赊销方式或分期收款结算方式中,避免垫付税款。

(4) 尽可能地采用支票、银行本票和汇兑结算方式销售产品。

(5) 多用折扣销售刺激市场,少用销售折扣刺激市场。根据税法规定,采取折扣销售方式,如果销售额和折扣额在同一张发票上体现,那么可以以销售额扣除折扣额后的余额为计税金额。税法为纳税人采取折扣销售提供了节税空间。而销售折扣是不得从销售额中扣除。因此,企业在确定销售额时,应把折扣销售和销售折扣严格区分来。

(6) 把握好销售折让的税务处理方法。

(7) 采用预收货款能为企业创造税收屏蔽效应。

对于销售合同,一般约定将发出商品全额作为销售处理。货物发出时纳税义务即发生,应当缴纳增值税。有些商品发出后许多年才能够收回货款,甚至出现坏账、呆账,这样销货方在签订合同时,应注意:以实际支付数额作为销售收入,开具增值税发票,未支付部分作为借款,按期支付利息。同时,销货方还应注意将包装物押金、运费和货物销售款项分开签订合同,这样可以适当降低税负。

3. 劳务合同

目前,劳务报酬合同中比较常见的条款是:甲方支付全部劳务报酬,费用由乙方自负。其实,这种条款不利于节省税款。最好的劳务合同模式应该是由甲方承担相关费用,乙方获得净报酬。

这里涉及劳务报酬合同的设计技巧。很多人在签订劳务报酬合同时只注意法律含义,往往忽略其税收含义,因而自己多缴了税款也不知道。如果费用由乙方自负的话,从合同字面上看,好像可以获得很大收益,但扣除掉应纳税款及各项费用开支后,实际所得却远远下降。作为领导者,没有必要掌握这些税款的精确计算,但一定要有合同的涉税意识。

从企业方来说,如果企业承担相关费用,企业的实际支出没有增加,甚至还有可能有所减少。因为:

(1) 对企业来说,提供住宿比较方便,伙食问题一般也容易解决,因而这方面的开支对企业来说可以比个人自理时省去不少,企业的负担不会因此而增加多少。

(2) 企业承担相关费用,相应的,支付给对方的报酬也减少,对方所需缴纳的个人所得税也就变少了。如果合同规定由企业缴纳税款,那么企业可以用少付的报酬进行弥补。

(3) 费用的分散及减少使得企业列支更加方便,也使得企业乐意接受。

对于劳务报酬合同,应从以下几个角度进行考虑:

一是合同上最好将费用开支的责任归于企业一方,如交通费、住宿费、伙食费等,因为这样可以减少个人劳务报酬应纳税所得额,由于这部分费用从减少的应得报酬中得到补偿,显然不会增加企业额外负担。

二是有可能的话可以将一次劳务活动分为几次去做,这样就可以使每次的应纳税所得额相对较少。我国税法对劳务报酬所得实行的是20%的比例税率,但对一次收入畸高的,实行加成征收。超额累进税率的一个重要特点就是随着应纳税所得额的增加,应纳税额占应纳税所得额的比重越来越大。而分散收入就可以达到节省税收的目的。

三是在合同中一定要明确税款由谁支付,税款支付方不同,最终得到的实际收益也会不一样。在劳务报酬合同中比较容易忽视上述几方面的内容,因而不利于节省税款。

4. 技术研发合同

目前技术市场出具的合同书有两种:一种是《技术转让合同书》,规定其适用于非专利技术转让合同、专利技术转让合同、专利申请转让合同等文本的签订。另一种是《技术服务合同书》,它是"对于专项技术的技术培训、技术指导、业务训练签订的技术培训合同"。同样作为合同书,由于一个是技术转让项目收入,可享受免税优惠;另一个是技术服务合同收入,包括培训、服务项目的收入等不能享受免税政策。

因此,领导者必须严格区分"技术转让合同"与"技术服务合同",并清楚划分技术转让收入和服务项目收入。

5. 企业产权重组合同

在企业合并行为中,应注意产权支付方式的选择问题,吸收合并时,兼并方既可以用现金支付,也可以用其证券(如普通股、公司债券等)支付。如果兼并方用现金或其公司债券支付,则被兼并方股东收到现金时就要立即纳税。但如果被兼并方股东收到兼并方股票时可以免税,待股票出售后方计算损益,作为资本利得课税。因此,支付股票对被兼并公司的股东而言,可以得到延迟纳税和减轻税负的优惠。不过,两种不同的支付方式也分别对应不同的折旧方法。如果兼并企业采用股票方式支付,那么兼并中取得的资产将按该资产原来的折旧基础计提折旧;如果兼并企业采用债券或现金支付方式,则兼并中所取得的资产将支付价格作为计提折旧的基础。一般而言,支付价格往往高于被兼并资产折旧基础上的账面价值,这个差额又会对企业税负产生重大影响。折旧额越大,应税所得越小,则企业就可少纳所得税,这就是"折旧抵税"的作用。因此应该对两种支付方式的获利情况进行比较。当然以股票方式支付折旧基础账面价值较高的资产是最佳选择。

6. 筹资合同

企业内部集资和企业之间拆借资金方式产生的节税效果最好,金融机构借款次之,自我积累方式效果最差。通过企业的内部融资和企业之间拆借资金,这两种行为涉及的人员和机构较多,容易寻求降低融资成本、抵销纳税利润规模、提高投资规模效益的途径。金融机构借款次之,借款利息一般可以在税前冲减企业利润,从而减少企业所得税。自我积累方式由于资金的占有和使用融为一体,税收难以分割或抵销。而且从税负和经济效益的关系来看,自我积累资金要经过很长时间才能完成,同时,企业投入生产和经营后,产生的全部税负由企业自负。负债筹资则不一样,它不需要很长时间就可以筹足,投资产生效益后,出资机构实际上也要承担一定的税收,所以,负债筹资的财务杠杆效应主要体现在节税及提高效益资本收益率等方面。其中节税功能反映为负债利息计入财务费用抵减应税所得额,从而相对减少应纳税额。

因此在签订筹资合同时,应着重考虑筹资利息。具体方法是:借款方尽量提高利息支付,冲减企业利润,减少企业所得税税基;出款方再用某种隐蔽形式将获得的高额利息返还给借款企业,出款方也可以用更加方便的形式为企业提供担保、租赁等服务,从而达到减轻税负的目的。

租赁是一种特殊的筹资方式。对承租人来说,经营性租赁既可避免因长期拥有机器设备而承担资金和经营风险,又可通过支付租金的方式,冲减企业的计税所得税额,减轻所得税税负对出租人来说,出租机器设备可获得租金收入,而租金收入系按5%缴纳营业税,其税收负担较产品销售收入缴纳的增值税为低。当出租人与承租人同属一个利益集团时,租赁可以使他们两个分主体将利润以不正常租金的形式进行转移。同一利益集团的企业出于某种税收目的,将盈利性非常强的项目或设备租给另一个企业,但却只收取少量租金,最终使该利益集团所享受的税收优惠最多,税负最低。此外,租赁产生的节税效应,也可在专门租赁公司提供租赁设备的情况下实现,承租人仍可获得减轻税负的好处。

7. 印花税涉税合同

在实际操作中,签约当事人在能够明确计税金额的条件下,不最终确立,这样不仅可以延缓纳税,也可以减少因实际金额与预定金额不符而引起的多缴税款。对于一些合同在签约时须确定计税金额,无论合同是否兑现或是否按期兑现,均应计算纳税额并贴花。对于已履行并贴花的合同,所载金额与合同履行实际结算金额不一致的,一般按合同所载金额作为应税金额,当事人就会无益地多负担一笔印花税款。因而在合同设计时,应充分地考虑到这种情况,确定比较合理、比较保守的金额,避免缴纳税款。除此之外,经济当事人还可以采取其他办法弥补多贴印花税票的损失,可在合同中规定:"如果一方有过错导致合同不能履行或不能完全履行,有过错方负责赔偿对方多缴的税款。"这样,税收负担问题就很好地解决了。

根据印花税政策规定,建筑安装施工单位将自己承包的建设项目分包或者转包给其他施工单位所签订的分包合同或者转包合同,应按照新的分包合同或者转包合同下所记载的金额再次计算应纳税额。为此,应尽量减少签订承包合同的环节,以最少的可能书立应税凭证,以达到节约部分应缴税款的目的。同样,对于应税凭证,凡是由两方或两方以上当事人共同书立的,其当事人各方均为印花税的纳税人,筹划方法就是尽量减少书立使用各种凭证的人数,使更少的人缴纳印花税,使当事人总体税负下降,从而达到少缴税款的目的。

8. 土地增值税涉税合同

土地增值税涉税合同,重要的一点就是想方设法使房地产转让收入减少,从而减少纳税人转让的增值额。分散转让收入是非常重要的方法。假如某企业拟出售其拥有的一幢房屋以及土地使用权,房屋里的各种设备安装齐全。估计市场价格是800万元,其中各种设备的价格约为100万元。如果该企业和购买者在签订合同时,将全部金额以房地产转让价格的形式在合同上体现,则增值额无疑会增加100万元。而土地增值税适用的是四级超率累进税率,增值额越大,适用的税率越高,相应地应纳税额也就会增大,如果当事人签订合同时稍为变通一下,将收入分散,便可节省不少税款,具体做法是在合同上仅载明700万元房地产转让价格,同时另签订一份附属办公设备购销合同,则问题便可迎刃而解了。这样不仅可以使增值额变小,从而节省应缴土地增值税税额,且由于购销合同适用0.03%的印花税税率,比产权转移书据适用的0.05%税率要低,也节省不少印花税,一举两得。

二、发票的涉税管理

(一)发票的基本常识

1. 发票的概念与本质

交易的双方在交易后(特殊条件下也包括交易前和交易中),其中一方(主要是收款方但有时也包括付款方)会开给对方一张用于记载这一交易事项主要内容(如交易双方的名号、交易时间、交易对象、交易数量和金额等)的商事凭证,这个商事凭证就是发票。

比较规范的说法是,发票是指一切单位和个人在销售产品、商品,提供劳务服务以及从事其他经营业务活动时,对外收付款项或发生资金转移时所提供给对方的各种凭证。简言之,发票就是记录经营业务活动的凭证。

一般而言,在"一手交钱一手交货"的交易状态下,发票一经开出,就意味着买卖双方的一次"合意"行为的达成。一些发票上还要求签具对方姓名、回单及意见,更可以看出这种协约的性质。发票不同于生意准备状态下所签订的那种合同,那表明一项生意的达成或阶段性的达成,到了"秋后算账"的结算或程度。发票也不像领货单、有价证券,那只是一种尚未实现的交易。大多数的发票表明一项交易的彻底完结,银货两清、互不赊欠。我们终于可以说,这项交易达成了,可以记账了,可以计税了。

当然,在异地交易、托收承付的交易、付款与送货交叉进行的交易、货到发货或货到付款的交易中,发票的开具并不意味着交易的达成和货款的收讫,这就需要发票经历一个旅行过程。

总的来说,发票是对交易过程的瞬间实录。从交易到核算,它是严密监督、现场反映交易完成的一个过程。取得合法且内容真实的发票的过程,就是证明自己的交易合法化的一个过程。

2. 发票在交易和核算中的作用

首先,发票标志着一种物权、使用权、所有权甚至机会或资格的合法位移;

其次,发票可以用来向各自的东家"报销";

再次,发票是企业列支各种成本和费用的原始凭证之一,可以作为一种核算要件为会计记账起到参考、辅助和佐证的作用;

最后,由于发票具有记录交易过程的作用,发票及相关凭证、账簿就成为国家稽征税款的一份重要资料。发票的管理也成为税务部门纳税管理的重点。

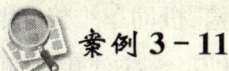
案例 3-11

警惕酒店给的"小惠"

陈先生是阳光公司的销售部经理,由于要和客户进行业务交流,所以经

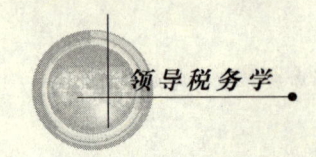

常在外地吃饭住宿。某日,陈先生与客户洽谈业务之后,在一家酒店设宴款待客户,但在去付款索要发票时,却被酒店收款员拒绝。酒店收款员以客户自带烟和酒水,酒店利润很少,和给予一定金额的优惠为由拖延。陈先生一再坚持说,不开发票就不能向总部报销,最后收款员竟然用一些金额差不多的开给其他顾客的发票顶替。陈先生忍无可忍,拨打12366向税务部门进行投诉。

对于企业来说,开出多少金额发票,就要按发票所列金额纳税。一些企业不愿纳税,也就不愿开发票。一个典型的商业行为:商家不愿给顾客开发票,代之以一定的让利。如果顾客不索要发票,一般会得到商家5%的价格让利。这是什么原因呢?原来我国代理业、服务业的营业税税率是5%,消费者不索要发票就相当于商家不用缴纳营业税,所以商家为了规避营业税,会以让利方式"鼓励"消费者不去索要发票,这样商家就不反映营业收入,于是连企业所得税也顺便规避了。

3. 发票的种类

发票有两大系统:一是企业使用的发票,由税务部门负责监制。由于税务局分为国家税务局和地方税务局,所以企业使用的发票就由国家税务局和地方税务局共同负责监制。国家税务局监制属于国税系统的发票,如增值税发票等;地方税务局监制属于地税系统的发票,如服务业发票等。二是国家机关、事业单位使用的发票,由财政部门负责监制,如北京市财政局监制的北京市银钱统一收据等。

普通发票按行业划分有工业发票、商业批发发票、商业零售发票、加工业发票、收购发票、服务业发票、广告业发票、建筑业发票等;另有一些特殊行业的专用发票,如保税区保税货物销售、机动车销售、旧车销售、机动车维修、粮食销售、木材销售等。年应税销售额在规定以下的小规模纳税人应使用定额发票,纳税人可根据业务需要选择使用。

一些大型企业,还可以向税务机关申请,在税务机关的监制下,印制本企业使用的发票,如某某商场商业零售发票等。

在这些发票中有一些比较特殊,需要引起领导者的注意:

(1)增值税专用发票。增值税专用发票既是增值税的基本内容之一,也是增值税实现规范化的一项重要基础工作,同时也是增值税改革的重要组成部分。这是因为增值税发票既发挥着普通发票的作用,又不同于普通发票,具有自己的特殊性。

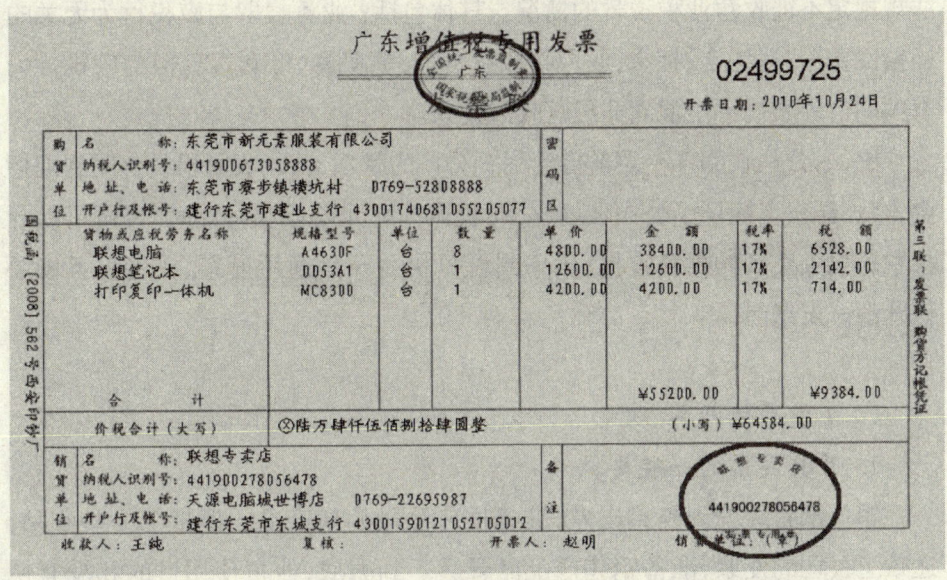

图3-1 增值税专用发票图样

对购销双方来说,专用发票既是纳税的依据,又是扣税的凭证。即专用发票是销售方记载销项税额和购货方记载进项税额并进行税款抵扣的合法凭证,而普通发票则不具备这一功能。增值税专用发票的特殊性,还变现在它可以将一种货物从最初生产到最终消费之间的各个环节连接起来,并将该货物所承担的全部税款传递到最终消费者身上。具体体现在,按照专用发票上注明的税额,逐环节征税、逐环节扣税,可以明确、清楚、简便地把税额从一个经营环节传递到下一个经营环节,直到把货物销售给最终消费者,从而将税款也逐环节地传递到最终消费者身上。

(2)专业发票。《发票管理办法》第四十二条规定,对国有邮政、铁路和民航等单位的专业发票,经国家税务总局或者国家税务局省、自治区、直辖市分局批准,可以由国务院有关主管部门或者省、自治区、直辖市人民政府有关主管部门自行管理。

因此,我们见到的车票、船票、机票、购买邮票证明单等都是发票,没有税务机关的监制章,但也是合法的凭证,可以作为报销、费用列支的依据。

(3)非经营收入发票。非经营收入发票是指用于单位收取按税收法律、法规规定不征收营业税税款的情况。具体包括:业务收取与应税行为无关的补偿性费用、违约金、押金;业户收取投资利润、股息、红利等。但与应税行为有关的价外费用不能混同非经营收入发票。

比如,公司收回3个月前借给另一公司的款项,公司收回租赁合同到期押金,客户送货车撞坏了公司玻璃,公司收取500元赔偿金。此时,公司可以开具税务机关监制的收款收据、申请到税务机关开具通用发票、或者税务机关代开统一发票。

(二)发票的开具

1. 开具发票的一般要求

销售部张经理到外省出差,准备推广公司的新产品。他带了一些产品,还带了公司的发票,准备销售产品时开具。到月底,他把使用过的和没有使用已过期的发票扔掉了。张经理的做法正确吗?

首先,办理工商登记和税务登记后的单位和个人,在领取税务登记后,可以向主管税务机关申请领取发票。在发生经营业务后,收款方应按规定填开发票。

根据发票管理办法,开发票的一般要求如下:

(1)整本启用,不得拆开分散使用发票。

(2)在规定的区域内填开,不得跨市、县填开发票。未经批准,不得跨规定使用区域携带、邮寄、运输空白发票。

(3)按号码顺序并逐栏填开,不得跳号、漏项或简略填开发票。

(4)按规定时限填开,不得提前或推后填开发票。

(5) 全份一次性填开,不得单联分开填写发票,不得出现大头小尾现象。

(6) 如实填开发票,不得变更品名,发票金额要按实际发生额填写,不得多开或少开。

(7) 按发票版限额填开,不得超面额填开发票。

(8) 开具发票要加盖收款方财务印章或发票专用章,填写、开具发票的人员要签署姓名。

(9) 不得转借、转让、代开发票。

(10) 按专业发票规定范围填开,不得自行扩大使用范围。

(11) 按规定报告发票使用情况并设置发票登记簿。

(12) 发票开具后,如发生退款退货的,必须先收回原发票并注明"作废"字样。如发生销售折让的,在收回原发票并证明"作废"后,重新开具发票。

在开发票时,字迹要清晰,开出的发票要符合业务的要求,比如,取得服务收入,就应该开服务发票,不能开增值税发票;从一般纳税人处取得商品销售收入就应该开具增值税专用发票而不能开服务发票。同时要注意,客户名称、日期、货物名称、品牌填写是否正确;人民币大写有无错误。如果是剪切发票,要注意剪切联是否正确。

 案例 3-12

发票上字迹缺失易引纠纷

现在的财务制度日趋完善,许多发票都是机器打印出来的,可是机打的发票墨迹有深有浅,有的存放一段时间就会褪色,使发票上的字迹模糊不清,给买卖双方都带来很多不便,容易引发纠纷。

张先生是某公司的采购人员。2010 年 9 月 6 日,他在一家电器有限公司购买 4 台彩色喷墨打印机,价格 1 600 元。2011 年 8 月 15 日,其中 1 台在公司使用过程中出现问题,因打印机仍在"三包"期内,他找到该品牌打印机售后服务部门请求修理,售后服务要求张先生提供购货发票,当张先生拿出发票后,发现购货发票上的品名及规格型号、单位、数量、单价、金额、合计、开票

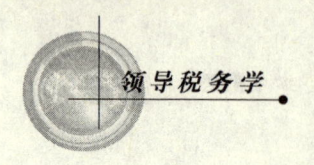

日期等均无字迹,几乎成了空白发票。售后服务部门拒绝为其维修。张先生非常着急,立即找到该电器有限公司说明情况,工作人员又以负责人外出,不能做主为由拒消费者于门外。

类似事情比较多见,该单位的财务人员也反映,经常有用发票结账的问题,机打发票字迹极易褪色,尤其是一些高速公路费和加油站开具的发票,往往过不了一两个月,发票上的字迹就已经模糊不清,有时为辨认上面的字迹,需要同时几个人反复观看,既浪费时间也浪费精力,实在看不清的发票也只能作废。甚至有的发票上,只能看清一个"圆",而看不清对方单位的名称,此类发票根本不能入账。

发票妥善保管,用票单位和个人按规定应将发票的存根联统一装订保管并作为记账依据。没有使用的发票或已过期的发票按规定上交主管税务机关。购货方索取的发票一旦丢失,一般销售方不再愿意开具,最多只能提供证明或发票存根联复印件。

发票一般有入账时间的规定,往年的发票一般不允许在当年账簿列支,但对于漏记的费用,如差旅费、会议费等,一般在年度汇算清缴之前,能够取得合法的票据凭证的,可以在年度汇算清缴时进行扣除。

2. 增值税专用发票的开具要求

增值税专用发票比普通发票的监管更为严格,相对于普通发票,增值税专用发票的开具还有一些其他要求。

(1)专用发票的开具时限。规定专用发票的开具时限,是为了避免企业占用国家税金,因为专用发票是兼记销货方销项税额和购货方进项税额的合法凭证。如果购货方没有办妥收款手续而提前开出发票,购货方即可根据获取的发票抵扣税款,这样在销货方还未发生纳税义务而购货方已能够抵扣税款之间存在的时间差,势必造成上一个环节税款尚未缴纳,下一个环节税款已抵扣的现象。提前抵扣的税款属于国家税收预支,即企业占用国家资金。

为避免发生上述问题,专用发票应当在发生纳税义务并办妥收款手续后

开具,不得提前或滞后。专用发票的具体开具时限根据结算方式的不同可分为以下几种情况:

① 采用预收货款、托收承付、委托银行收款结算方式,为货物发出的当天。

② 采用交款提货结算方式的,为收到货款的当天。

③ 采用赊销、分期付款结算方式的,为合同约定的收款日期的当天。

④ 将货物交付他人代销的,为收到受托人送交的代销清单的当天。

⑤ 设有两个以上机构并实行统一核算的纳税人,将货物从一个机构移送到其他机构用于销售,按规定应当征收增值税的,为货物移送的当天。

⑥ 将货物作为投资提供给其他单位或个体经营者的,为货物移动的当天。

⑦ 将货物分配给股东的,为货物移送的当天。

(2) 不得开具专用发票的情形。一般纳税人销售货物(包括视同销售货物在内)、提供应税劳务,以及根据规定销售应当征收增值税的非应税劳务,必须向购买方开具增值税专用发票,并在发票上注明不含税的销售额和销项税额。但有下列情形的,不得开具增值税专用发票:

① 向消费者销售应税项目。

② 销售免税项目。

③ 销售报关出口的货物,在境外销售应税劳务。

④ 将货物用于非应税项目。

⑤ 将货物用于集体福利或个人消费。

⑥ 将货物无偿赠送给他人(如果受赠者为一般纳税人,可以根据受赠者的要求开具专用发票)。

⑦ 提供非应税劳务(应当征收增值税的除外)、转让无形资产或销售不动产。

⑧ 向小规模纳税人销售货物。

⑨ 急售商店代销的寄售物品以及典当行业销售的死当物品。

3. 对违反专用发票使用规定的处理

(1) 对违反专用发票日常保管规定的处理。对企业违反《增值税专用发票使用规定》及日常保管规定而发生发票丢失或被盗的,应于丢失或被盗的当日书面报告主管税务机关,并通过《中国税务报》刊登遗失公告,声明遗失的专用发票作废。主管税务机关对丢失专用发票的企业除按有关规定给予处罚外,还要根据情节轻重,给予半年内不得使用、领购专用发票,并收缴结存的专用发票的处罚。对企业申报丢失的专用发票,如虚开、代开的,该企业还应承担偷税、骗税的连带责任。

(2) 对不按规定填开以及代开、虚开专用发票的处理。对不按规定开具专用发票的,一律不能作为税款抵扣凭证。对已开具专用发票的销售货物,应及时足额通过销售账户核算并纳税,凡未按规定记入销售账户核算并纳税的,一律按偷税处理。对代开、虚开专用发票的,一律按票面所列货物的使用税率全额补征税款,并按《税收征管法》的规定给予处罚。这里所说的代开,是指一般纳税人为与自己没有发生直接购销关系的他人开具专用发票的行为;虚开是指在没有发生任何购销货物事实的前提下,为他人或为自己、让他人为自己或者介绍他人开具专用发票的行为,其目的是为了骗取税款抵扣的凭证或骗取出口退税。对代开的专用发票,一律按票面所列货物的使用税率全额补征税款,并按《税收征管法》的规定给予处罚。对纳税人取得代开、虚开的专用发票,不得作为增值税合法的抵扣凭证抵扣进项税额。对虚开专用发票数额特别巨大、情节特别严重、给国家利益造成特别重大损失的,根据有关法律可以处以无期徒刑或死刑,并处以没收财产的处罚。

4. 开具发票常见的违法行为

假发票的使用既侵吞了国家利益,也会给纳税人的正常经营带来损失。近几年来发生的重大税收案件,几乎每起都与发票有关。以下列举了一些常见的开具发票的违法行为:

(1) 大头小尾。一张发票分开填写,金额大的留给客户报销、抵税,金额小的留给自己申报纳税。

(2) 张冠李戴。发票的内容与实际经营内容不符,原来不能报销的物品、不能入账的费用,也堂而皇之地以各种管理费用和礼品的名义入账。

(3) 拒开发票。几乎每个消费者都有过购物被拒开发票的经历。这种情况一般多发生在与私营业主或个体户打交道时。你不主动索要发票,对方是不会主动给你的,就是你主动索要发票,对方还可能以发票刚好用完或暂缺发票为由拒绝提供发票。

(4) 地下交易。在车站、码头、地铁等公共场所,常有票贩子兜售空白发票,包括交通业、零售业、旅游业、餐饮业等各行业发票,种类齐全。

(5) 以假乱真。通过现代印刷技术,伪造的假发票与真发票非常相似,难辨真伪,如服务业发票或定额发票,虽有防伪标识,但真假肉眼难辨。

(6) 开票公司。有些地方出现了专营发票业务的公司,人称"开票公司"。公司既没有固定场所,也没有正规业务,仅利用手中的发票,只要顾客交手续费,就可以随意填开。

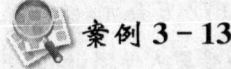

案例 3-13

虚开发票案首犯被枪决　涉案总值近 1.6 亿元

2004 年,经最高人民法院核准,天津市第一中级人民法院将伙同他人虚开、非法出售增值税专用发票近 1.6 亿元,给国家造成重大损失的罪犯刘某执行死刑。

2000 年年初,刘某经他人介绍与张某(已判处无期徒刑)、苏某(已判死缓)相识。后苏某又将其同乡许某(已判处死缓)介绍给刘某、张某。为牟取暴利,刘某、张某、苏某、许某预谋成立公司,而后以公司名义领购增值税专用发票,进行出售或虚开,并明确了分工。2000 年 9 月、11 月,刘某、许某注册了天津市然成电子技术开发有限公司(以下简称然成公司),刘某、张某注册了天津市国创商贸有限公司(以下简称国创公司)。然后,刘某等租用一处办公地点,雇佣会计王某(另案处理)为两家公司制作账目、纳税申报、领购增值税专用发票。然成公司自 2000 年 9 月成立至案发,从天津市某区国家税务局领购增值税专用发票千元手写版4本共100份,万元手写版136本共3 400份,百万元电脑版1本共100份。国创公司自2000年11月成立至案发,从天津市某区国家税务局领购增值税专用发票千元手写版2本共计50份,万元手写版30本共计750份。刘某又通过某区国家税务局干部金某(另案处理)取得百万元电脑版增值税专用发票800份。刘某、张某、苏某、许某以然成、国创公司的名义取得增值税专用发票后,将发票联、抵扣联撕下后对外虚开或非法出售,先后共开出百万元电脑版增值税专用发票261份。案发后经协查核实,国创公司向云南省某信息系统有限公司、广州某影视公司、成都某科技有限公司等数十家企业虚开增值税专用发票124份,价款人民币1.032 6亿余元,给国家造成税款实际损失1 532万余元。

2001年2月间,苏某、许某将国创公司未开出的539份百万元电脑版增值税专用发票连同税控机、IC卡带到深圳出售给陈某(另案处理)。之后,苏某、张某又将然成公司的100份百万元电脑版增值税专用发票连同税控机、IC卡带到深圳出售给他人。案发后经协查核实,售出的百万元电脑版增值税专用发票中,然成公司的9份发票已被受票人使用,票面价款人民币672万余元,给国家造成实际损失人民币59万余元。国创公司有59份发票已被受票人使用,给国家造成税款损失人民币628万余元。至案发,然成公司"下余"的91份百万元电脑版增值税专用发票及国创公司"下余"的479份百万元电脑版增值税专用发票失控。

综上,刘某、张某、苏某、许某共同虚开增值税专用发票价款人民币1.032 6亿余元,给国家造成税款实际损失人民币1 532万余元;非法出售增值税专用发票价款人民币5 589万余元,给国家造成税款实际损失人民币687万余元,已构成虚开增值税专用发票罪。

(三)发票的鉴别

在管理发票的过程中,领导者应注意发票的合法性、真实性,以及开具的内容,避免取得虚开、代开、借开的发票,保证列支的合法性。这样,既可以取得抵税效益,又可以防范财务风险和税务风险。

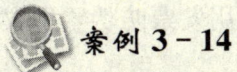
案例 3-14

以假乱真的"全真票"

税务稽查人员到某广场附近暗访并购买了几张所谓的"全真票",经鉴定发票上的号码真实存在。随后,稽查人员带着发票到该假发票上的开具单位,即酒楼请财务人员辨别。

该酒楼财务人员先是查看了发票上的水印,然后又把两张相等面值的发票上的盖章重叠在一起,冲着灯光观察。"这几张发票做得太真了,现在我也没有办法确定。"财务人员说,随后拨通了该酒楼财务部电话,经核实财务部发票专用章与所持的"全真票"的专用章号码,才最终确定这几张发票是假的。

该酒楼一负责人称,酒楼早就发现市面有大量假冒该酒楼的假发票。酒楼曾调查发现,有多家酒楼在使用假冒该酒楼的发票,更有甚者,有些人竟然打电话到该酒楼问是否需要该酒楼的发票。

为什么假发票竟可以以假乱真,且号码都是对的呢?

经过多方调查,稽查人员终于找到了造假的"绝招":造假人员先到酒楼消费后索取发票,然后根据发票上所写的查询号码,通过"12366"查询系统确定所属的发票号码数字段,私刻假公章,接着就可以大批"生产"了。查发票的电话什么都能查到的,所以查起来就很容易了。由于大酒楼大公司买发票都是几本几十本的买,号码又都连在一起,属于该公司所购买的发票的号码段落就很容易推测出来。但公司酒楼的发票专用章却没法搞到真的,只能伪造,结果市面上就充斥了一大批号码为真、发票专用章为假的发票。

1. 发票的形式审查

(1) 普通发票真伪鉴别方法。发票监制章是识别发票真伪的重要法定标志。全国统一启用的新版发票"发票监制章",其形状为椭圆形,上环刻制"全国统一发票监制章"字样,下环刻制"某某税务局监制"字样,中间刻制国税、地税机关所在地的省、市全称或简称,字体为正楷,印色为大红色,紫外线灯下,呈橘黄色荧光反应,套印在发票联的票头正中央。可用发票防伪鉴别仪器识别防伪油墨是否是统一的防伪油墨。

(2) 增值税专用发票真伪鉴别方法。鉴别增值税专用发票的真伪,首先应了解其防伪措施,然后采取特定的审查方法来鉴别其真伪。对照光线审查增值税专用发票的发票联和抵扣联,看是否使用国家税务总局统一规定带有水印图案的防伪专用纸印制。用紫外线灯鉴别荧光防伪标志"SW"。

(3) 对照审查发票法。对照审查发票法将用票单位的实际使用情况与"发票领购簿"及发票领用存的情况核对,审查私印发票、丢失发票、转借发票、虚开发票、代开发票、使用作废发票和超额经营填开发票的问题。

(4) 票面逻辑推理法。根据发票各个栏目所列的内容之间、发票与用票单位有关经济业务之间的关系进行分析审核,从中发现问题。发票所列各项内容之间,有其内在的逻辑关系和规律性,如果违背了这些规律,就说明发票存在问题。如增值税专用发票中购销双方的名称与税务登记号有着直接的对应关系;根据销售货物或劳务的名称可以确定适用税率;根据计量单价、数量、单位、金额、税率和税额之间的逻辑关系可以推断金额和税额的计算是否有误等。发票与企业的购销业务有着直接的联系,而购销业务与企业存货数量及货币资金(包括债权、债务)的增减变化有着一定的对应关系,利用这一逻辑关系就可以审查发票使用有无问题。取得发票的金额与存货、费用增加额,货币资金减少额,流动负债增加额呈同步变化趋势;填开发票的金额与存货减少额、货币资金或应收债权增加额呈同步变化趋势。如果企业取得和填开的发票与购销业务之间的关系违背了上述规律,在数量、金额上的逻辑关系不符,就有可能存在问题,需要进一步审查核实。

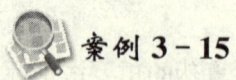

案例 3-15

维修单背后的"秘密"——假发票

某市地税稽查局对某公司某年度纳税申报情况进行检查时发现,在"现金日记账"中,11 月 27 日贷方发生额记录一笔业务,支出维修费 154 820.3

元,摘要栏内只有"支出"两个字。单从现金日记明细账中看不出具体的业务内容。税务检查人员觉得这笔账含糊不清,便查阅了11月的现金支出凭证,从这张凭证上也看不出有什么可疑的地方。

其原始凭证只有一张单位公章非常模糊的维修发票,开出日期为11月3日,发票号为:NO.3751,内容为:维修材料及人工费。从表面上看,这笔业务除了违反现金管理办法外似乎无其他涉税问题。

稽查人员来到市国税局查询号码为3751的发票是被什么单位购去了。很快就查到这张发票流向市中区某汽车修理厂。该发票的存根联和记账联只有24元,汽修厂的法定代表人、会计、经办人员均证明只收了该公司一个配件款24元,绝对没有收入不入账的现象,只是由于不懂税法,给了对方一份空白发票。

稽查人员依照法定程序对该公司的法定代表人、财务科长、出纳进行了询问,经过耐心细致的教育,他们说出了该笔款项流入"小金库"的事实。

经查,"小金库"金额达876 107.61元,形成"小金库"的资金来源主要是收取的部分房屋租金收入和虚列成本费用的各项支出,其中就包含这笔计入管理费用中的汽车维修费支出,资金支出大多为发放奖金,吃喝招待和一些无法报销的费用。稽查人员终于解开了这张维修单背后的各个疑点,并作出了相应的处理。

---

(5) 其他方法。除以上方法之外,还可以拨打税务机关提供的电话(例如:12366),按提示查询,或登录国、地税网站进行查询。地税的征收分局和国税的主管税务机关也都可以受理发票的鉴定。

2. 发票的实质审查

当然,形式假、伪造的发票肯定是假发票;那么,形式真、业务假,或者所列金额不真实的发票,算不算假发票呢?

(1) 注意发票的内容是否准确、完整。比如,一个企业经理到外地开会,他从酒店拿回来的发票,既可能写会议费,也可能写餐费,当然还可能写住宿费。这时就要详细检查发票的内容是否与真实业务一致,有无虚假业务。不同的费用项目其账务处理结果是不一样的。如果发票开的是餐费,一般作为业务招待费;如果开的是会议费,只要提供参加会议的人员名单、会议主题、会议时间等,就可以实现税前全部列支。

 案例 3-16

领导签字露了偷税"马脚"

某印刷厂接到了许多书籍印刷订单,产品运输大增。该公司原有的几辆货车日夜兼程也满足不了运输的需要。因此,该公司经理又雇了三辆货车,专门帮忙跑运输。但令该经理头痛的是,那三辆货车的车主都不能提供运输发票,印刷厂在运输业务上没法抵扣增值税进项税款,没法抵扣就得多纳税。

该公司的财务人员给他出了个主意:叫那三辆货车的司机加油时,以印刷厂的名义向加油站索取增值税专用发票,然后把发票交给总经理,这样,印刷厂就可以凭借专用发票抵扣增值税进项税款了。几个月下来,288 000 元金额的专业发票经总经理签字入账后,总共抵扣了进项税款 48 960 元(288 000×17%)。

国税局对制衣厂进行税务检查时,该厂进项税额中油料抵扣过多的现象引起了稽查人员的怀疑。在检查发票时,总经理在发票上的签字记录引起了他们的注意。总经理为了区别雇车运输和自备车运输,特别在雇车运输货物的所有油料专用发票上签上"雇车运输到某地,同意报销。"这一画蛇添足的举动,暴露了这些专用发票都是由雇车运输户提供的。而按照规定,运输户只能提供运输发票,不能提供增值税专用发票。

该公司因此受到了"补缴税款 48 960 元,并处以所偷税款 1 倍的罚款"的处理。

(2) 避免取得虚开、代开发票和失控发票。所谓虚开发票,是指商品的销售金额与实际交易数额不符。所谓代开发票,是指销售方与发票开出方不一致。比如,A 卖商品给 B,却由 C 给 B 开发票。

案例 3-17

从第三方拿票,有真实交易也算偷税

4月7日,A 县国家税务局稽查局收到 B 省大河县国家税务局的协查函,委托协查大河某贸易有限公司虚开增值税专用发票的案件,受托方纳税人是 A 县某煤矿,涉嫌取得虚开的增值税专用发票,金额价税合计 574 959.00 元。

经查,A 县某煤矿于去年 2 月 24 日,从 B 省大河县某贸易有限公司取得增值税专用发票 6 份,货物名称是矿用工字钢和电器配件,总购货金额 491 418.30 元,税率 17%,税额 83 541.12 元,价税合计 574 959.42 元。此批货物分别于前年 12 月和去年 3 月全部验收入库,且进项税额 83 541.12 元已于去年 3 月通过认证并抵扣应纳税款,但实际发货人不是大河县某贸易有限公司,而是中间商黄某。

A 县国税局稽查局在进行调查以后,认定该煤矿的行为属于偷税。4月15日,A 县国税局稽查局对该煤矿下达税务行政处理决定书、税务行政处罚事项告知书、税务行政处罚决定书,要求该煤矿补缴所偷增值税 83 541.12 元、滞纳金 16 456.60 元、罚款 83 541.12 元。

所谓失控发票,包括以下几种情况:

(1) 一般纳税人企业丢失被盗金税卡中未开具的发票。

(2) 企业购买了增值税专用发票,税务机关联系、查找又无下落,企业已经"失踪",该企业未申报纳税的发票。

(3) 已经开具的专用发票销货方未按时抄报税。

"失控发票"本身就是真的专用发票,认证通过当然不存在问题,现在税务机关的金税工程,在开具发票月份的次月起 1 个月以后才能发现问题,这种

时间差使得企业对"失控发票"难以及时发现。

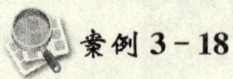

失控发票不能抵扣增值税

2010年7月,某市税务局接到国家税务总局稽查局通过金税工程网上转来的一份增值税专用发票协查函,要求协查5份失控发票。检查人员依法前往某服饰有限公司进行协查,通过核对账簿、会计凭证了解到该公司在2009年11月,从北京某商贸有限公司购进服装一批。在收到此批货物验收入库后,用现金支付了全部货款468 502.59元,并将取得的5份电脑版增值税专用发票,报送税务部门进行申报认证,通过金税工程认证系统认证后,申报抵扣了进项税额79 645.44元。了解案情后,检查人员告知该公司,这些发票属于"失控发票",不能抵扣进项税额,税务机关追缴了该公司已抵扣的进项税额79 645.44元。由于该公司属于善意取得,税务机关未加收滞纳金也未予以行政处罚。

对于企业来说,在购销关系真实,发票也真实、合法的情况下,可能因交易对象的原因不得不承担税款损失,风险巨大,在实践中应高度重视并注意防范。为此,企业需要认真考察供应商,不要贪便宜,尽量减少现金交易。

第四章　税收筹划——领导者如何学会节税

威廉·配第说过:"最令人气愤的是要比自己的邻居多缴税。"的确如此,人都有这样的心理。但如何做到依法纳税、科学节税,却是一件既节省成本,又正大光明的事情。作为一个领导者,当然希望能够掌握如何节税的技法。那么,下面将揭开领导最想知道的节税谜底。

一、认识税收筹划

(一)税收筹划的概念

税收筹划是指在纳税行为发生之前,在不违反法律、法规(税法及其他相关的法律、法规)的前提下,通过对纳税主体(法人或自然人)的经营活动或投资行为等涉税事项作出事先安排,以达到少缴税或递延缴纳税收的一系列谋划活动。

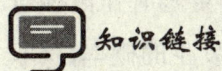

辨别偷税与税收筹划

小张问经理:"税收筹划不就是少缴税,少缴税不就是偷税吗?"经理回答如下:"偷税是指一些纳税人故意伪造、变更、隐瞒、擅自销毁账簿和凭证,在账簿上多列支出,或者不列、少列收入,或者采用虚假的纳税申报的手段,从而不缴或者少缴税款的行为。偷税是对一项实际发生的应税行为的否

定,属于法律上明确禁止的行为,如果被征收机关查明属实,纳税人就要为此承担相应的法律责任,受到制裁。而税收筹划只是对某项应税经济行为的实现形式和过程在事前进行一些安排,其经济行为符合减轻纳税的相关法律规定。"

(二) 税收筹划的原则

1. 合法性原则

税收筹划只能在法律许可的范围内进行,由于税收筹划与偷税、骗税存在本质的区别,纳税人只有在深刻理解、准确掌握税法及相关法律的基础上,税收筹划才有可能成功,否则税收筹划可能违法,受到法律的制裁。

2. 成本效益原则

纳税人进行税收筹划后,在取得部分税收利益时,会为该筹划方案付出额外的费用,以及因选择该筹划方案而放弃其他方案而损失的收益。当新发生的费用或损失小于取得的利益时,该项筹划方案才是成功的,当费用或损失大于取得的利益时,该筹划方案就是失败的。所以我们应充分考虑利用税收筹划进行方案的最佳设计来选择总体收益最大的方案。

3. 风险原则

由于税收筹划与国家政策、经济环境及企业自身活动的不断变化有关,因此,我们在制定和实施税收筹划时,并不能确定该筹划是否能成功,效果如何。我们要承担投入风险、失败风险,所以我们要在筹划时要随时作出相应的调整,尽力地去管理风险和控制风险,尽可能地降低风险发生的概率,获取尽可能大的税收收益。

4. 筹划性原则

税收筹划应在纳税义务发生之前进行,并能够指导经济活动的运行,为此,应当全局权衡利弊得失,充分考虑筹划方法的可行性,不至于影响企业生产经营的正常运行。

二、税收筹划的影响因素和基本方法

（一）税收筹划的影响因素

1. 税制因素

（1）纳税人身份的可转换性。纳税人是指税法上规定的直接负有纳税义务的单位和个人。不同的税种，规定的纳税人也不尽相同，企业可以通过选择成为某税种的纳税人或者避免成为某税种的纳税人，进行税收筹划，比如，企业可以通过筹划选择成为增值税纳税人或营业税纳税人。

（2）适用税率的差异性。在我国不同的税种有不同的税率，同一税种不同的税目也可能有不同的税率。不同比例税率的差别，以及全额累进税率和超额累进税率为企业进行税收筹划提供了良好的客观条件。

（3）计税依据的可调整性。计税依据使计算应纳税所得额的标准，是根据税法规定所确定的用于计算应纳税额的依据。一般从价计算的税收以计税金额为计税依据，从量计算的税收以征税对象的重量、容积、体积、数量为计税依据。企业可以通过一定方式减少自己的计税金额，减轻税负，达到最大化利润。

（4）优惠政策的选择性。我国税法有大量的优惠税收政策，企业可以通过一定的努力使自己具备享受优惠税收政策条件，从而实现减轻税收负担的目的。

2. 企业自身因素

（1）企业利润最大化的驱使。随着经济的不断发展，企业要在激烈的竞争环境中获得利润，不仅要扩大生产规模，提高劳动生产率，增加收入，还要采用新技术、新工艺，降低生产成本。在一定条件下，收入的增长、成本的降低都会达到其限度。但企业负担各种税的减少，将会增加企业净利润。

（2）企业获取货币时间价值的动力。企业通过延迟纳税，相当于从国家获得一笔无息贷款，企业将延迟的税费投入再生产或其他投资项目可以获得其他收益。

(二)税收筹划的基本方法

1. 利用纳税人身份的差异

通过对纳税人身份的合理界定或转化,使企业承担的税收负担尽量减少或降低到最小限度,或者直接避免成为某税种的纳税人。比如,企业通过选择小规模纳税人或一般纳税人,增值税纳税人或营业税纳税人身份,企业所得税纳税人或个人所得税纳税人使企业税负最低。

2. 利用税率差异

目前我国实行的税率有定额税率、比例税率、累进税率。企业通过经营业务或应纳税所得额的改变,尽量使用低税率。

3. 利用税目差异

企业应通过规范操作将一些不征税收入、免税收入、适用低税率收入从企业主营业务收入中分解出来,降低企业税负。

4. 利用纳税时间差异

企业通过延迟纳税,获得货币的时间价值。

5. 利用税收优惠政策

通过减税、免税政策节税,即企业在充分了解国家税收优惠政策的前提下,积极利用减税、免税优惠政策,降低税负。

(三)税收筹划的步骤

1. 熟练把握有关法律规定

(1)具备必要的法律知识,依法纳税是税收筹划的前提。

(2)了解主管部门对筹划行为"合法"的界定。

2. 结合本企业的情况和筹划要求制定税收筹划方案并实施

世界上只有死亡和税收是确定的事情,企业纳税也是天经地义的事情,但本企业应该怎样纳税、纳多少税,需要企业结合自己实际情况和企业所处的阶段制定相应的方案纳税,在合理、合法的基础上最小化企业成本。

三、经营活动中的税收筹划

(一) 采购活动的税收筹划

物资采购是企业进行生产经营活动的起点,物资采购渠道不同,纳税人所承担的税收也是不一样的。物资采购渠道的不同主要影响增值税的扣除项目和所得税的应税所得,从而影响企业当期现金流出量和未来现金流量。

1. 物资采购渠道的选择

国内物资采购渠道可以划分为:从增值税一般纳税人和小规模纳税人两种渠道购进。

对于小规模纳税人,由于其获得的增值税专用发票不能用于抵扣,从一般纳税人购买货物,其进货中所含的税额高于小规模纳税人,因此,一般小规模纳税人从小规模纳税人处购货是合算的。

对于增值税一般纳税人企业,从一般纳税人企业购进货物包含的进项税额可以抵扣;从小规模纳税人企业购进货物所包含的增值税不可以抵扣。但由于在现实生产经营中,小规模纳税人的售价金额低于一般纳税人,所以一般纳税人该如何选择呢?企业应从进项税额能否抵扣、价格、质量、何时何种方式付款结合货币的时间价值等多方面综合考虑,选择企业采购成本最小的购货渠道。

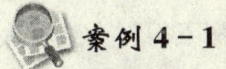

案例 4-1

甲公司物资采购渠道的选择税收筹划实例

甲公司是增值税一般纳税人,本月月初计划购进原材料生产玩具,预计月末销售玩具不含税价格 20 000 元,现有三种方案可以选择:

方案一,从一般纳税人乙企业购进,购进价 10 000 元(不含税),则本企业当期应纳增值税为:

$$20\ 000 \times 17\% - 10\ 000 \times 17\% = 1\ 700(元)$$

方案二,从可以开具增值税专用发票的小规模纳税人购进,购进不含税价9 500元(增值税征收率为3%),则本企业当期应纳增值税为:

20 000×17%－285＝3 115(元)

方案三,从不能开具增值税专用发票的小规模纳税人购进,购进价9 000元,则本企业当期应纳增值税为:

20 000×17%＝3 400(元)

从缴纳税款的角度讲,似乎方案三缴纳税款最多,但由于其进货价格比方案二和方案一低,在本题中实际负担是最小的,并且取得了资金的时间价值。

2. 物资采购时间的选择

物资采购时间的选择。增值税一般纳税人购进货物或应税劳务,其进项税额申报抵扣时间,应按以下规定执行:① 工业生产企业购进货物(包括外购货物所支付的运输费用),必须在购进的货物已经验收入库后,才能申报抵扣进项税额,对货物尚未到达企业或尚未验收入库的,其进项税额不得作为纳税人当期进项税额予以抵扣。② 商业企业购进货物(包括外购货物所支付的运输费用),必须在购进的货物付款后才能申报抵扣进项税额,尚未付款或尚未开出商业承兑汇票的,进项税额不得作为纳税人当期进项税额予以抵扣。③ 一般纳税人购进应税劳务,必须在劳务费用支付后,才能申报抵扣进项税额。对接受应税劳务,但尚未支付款项的,其进项税额不得作为纳税人当期进项税额予以抵扣。

企业在合法的申报期限内,应考虑货币时间价值和增值税进项税额的抵扣要求进行筹划:对于工业企业及时验收入库;商业企业和一般纳税人购进劳务在限定时间内及时付款。

3. 购货运费的选择

运费的高低直接影响到企业生产和经营的效益,增值税一般纳税人支付的运费可以抵扣进项税额,收取运费应缴增值税或营业税,企业可以通过选择代垫并向购买方收取或自己负担运费等方式进行税收筹划。

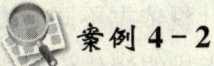

A企业购货运费的选择税收筹划实例

A企业是增值税一般纳税人,2010年11月3日购入一批货物,价格500万元(不含税),2011年11月29日向B企业销售货物600万元,A负责运货到B企业,运费11.7万元,现有以下方式可供选择:

方案一:运输公司将运输发票开给A企业。

A企业应纳税额:

增值税销项税额=[600+(11.7÷1.17)]×17%=103.7(万元)

增值税进项税额=500×17%=85(万元)

应纳增值税额=103.7-85=18.7(万元)

城市维护建设税及教育费附加=18.7×10%=1.87(万元)

主营业务利润=600+(11.7÷1.17)-500-11.7×(1-7%)-1.87=97.249(万元)

方案二:运输公司将运输发票开给B企业。

A企业应纳税额:

增值税销项税额=600×17%=102(万元)

增值税进项税额=500×17%=85(万元)

应纳增值税额=102-85=17(万元)

城市维护建设税及教育费附加=17×10%=1.7(万元)

主营业务利润=600-500-1.7=98.3(万元)

由以上结果可以看出,选择方案二,A企业少缴增值税额1.7万元,少缴城市维护建设税及教育费附加0.17万元,方案二为最佳方案。

(二)生产活动中的税收筹划

生产经营活动涉及产品生产方式的选择和大量成本费用的核算,通过税

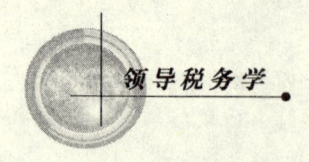

收筹划,能有效降低企业生产经营成本,提高企业市场竞争力。

1. 产品加工方式的选择:委托加工还是自行加工

委托加工的应税消费品与自行加工的应税消费品的计税依据不同。委托加工的应税消费品由受托方在向委托方交货时按同类货物的销售价格代收代缴税款,委托方用于连续生产应税消费品的,所纳税款可以按规定抵扣。《消费税暂行条例实施细则》规定:委托加工的应税消费品收回直接销售的,不再征收消费税。在通常情况下,在委托方收回委托加工的应税消费品要以高于成本的价格出售。不论委托加工费大于或小于自行加工成本,只要收回的应税消费品的计税价格低于收回后直接出售的价格,委托加工应税消费品的税负就会低于自行加工的税负。对于委托方来说,其产品对外销售价高于收回委托加工应税消费品的计税价格部分,实际上并未缴税。同时,消费税作为价内税,企业在计算应税所得时,将消费税作为扣除项目,进而影响企业的净利润。

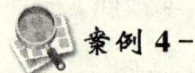

灵翔卷烟厂产品加工方式的选择税收筹划实例

灵翔卷烟厂是一家卷烟生产企业。2010年11月2日接到一笔4 000万元甲类卷烟的生产订单,对此,有以下三种方式可以选择:

(1) 全部卷烟各生产流程均由企业自行完成。

(2) 全部生产流程委托其他企业加工,收回后直接销售给客户。

(3) 委托其他企业将烟叶加工成烟丝,收回后本企业在进一步加工成卷烟。

三个方案,哪一个可为企业带来最大税后利益呢?

分析如下:

方案一,全部卷烟各生产流程均由企业自行完成。原材料(烟叶)购入价格500万元,加工成本、分摊费用340万元,售价4 000万元(含消费税价),生产0.2万箱。

灵翔卷烟厂应缴消费税：

$$4\,000 \times 56\% + 0.2 \times 150 = 2\,270(万元)$$

灵翔卷烟厂应缴企业所得税：

$$(4\,000 - 500 - 340 - 2\,270) \times 25\% = 222.5(万元)$$

税后利润：

$$890 - 222.5 = 667.5(万元)$$

方案二，全部生产流程委托其他企业加工，收回后直接销售给客户。烟叶成本不变，委托加工费用340万元。红叶卷烟厂收回后直接销售给客户售价4 000万元。

受托加工卷烟企业代收代缴消费税：

$$[(500 + 340 + 0.2 \times 150) \div (1 - 56\%)] \times 56\% = 1\,107.27(万元)$$

灵翔卷烟厂收回卷烟直接销售时不需再缴纳消费税。

灵翔卷烟厂应缴企业所得税：

$$(4\,000 - 500 - 340 - 1\,107.27) \times 25\% = 513.18(万元)$$

税后利润：

$$2\,052.73 - 513.18 = 1\,539.55(万元)$$

方案三，委托其他企业将烟叶加工成烟丝，收回后本企业再进一步加工成卷烟。委托加工原料（烟叶）价格500万元，双方协议加工费170万元。加工烟丝收回后，红叶卷烟厂继续加工成甲类卷烟，加工成本、分摊费用170万元，卷烟售价4 000万元（含消费税价）。

受托加工烟丝企业代收代缴消费税：

$$[(500 + 170) \div (1 - 30\%)] \times 30\% = 287.14(万元)$$

灵翔卷烟厂销售卷烟时应缴消费税：

$$4\,000 \times 56\% + 0.2 \times 150 - 287.14 = 1\,982.86(万元)$$

灵翔卷烟厂应缴企业所得税：

$(4\,000-500-170-287.14-170-1\,982.86)\times 25\%=222.5(万元)$

税后利润：

$890-222.5=667.5(万元)$

从计算比较可以看出，在各种相关因素相同的情况下，完全的委托加工（收回后不再加工直接销售）的消费税税负比自行加工方式低1 162.73万元。尽管多缴了290.68万元企业所得税，但总体上，使企业多获得税后利润872.05万元。

由此可见，在各相关因素相同情况下，自行加工方式的税后利润最小，税负最重。

2. 期间费用与生产成本的筹划

企业生产经营中的期间费用包括销售费用、管理费用、财务费用，这些费用的大小直接影响着企业的应纳税所得额。扣除项目有的据实扣除，有的在限额内扣除，有的加计扣除，企业应当明确国家相关政策，在依法纳税的前提下进行税收筹划。

（1）对于限额扣除的项目，在最大化的限额内扣除。税法有扣除标准的费用项目包括职工福利费、职工教育经费、工会经费、业务招待费、广告费和业务宣传费、公益性捐赠支出等。

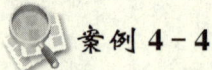

案例 4-4

科林公司期间费用限额扣除项目税收筹划实例

科林公司计划在2010—2011年两年投入宣传费用2 400万元，预计本年销售收入6 000万元，2011年销售收入将超过本年，企业围绕宣传费用开支2 400万元，该企业应如何支出宣传费？

2010年广告费最高扣除限额为900万元(6 000×15%),则:如果科林公司在2010年的广告费超过900万元,超过部分将作为2010年的应纳税所得额的调增项目,不得在当年抵扣,企业损失了货币的时间价值。所以,该公司在2010年应列支的广告费最高金额900万元,其余1 500万元留在2011年列支。

(2) 对于某项成本费用,能够在存货与资本化对象之间进行选择,企业应该尽可能选择计入存货成本,从而加快其税前扣除速度。

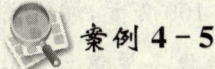

某企业成本费用税收筹划实例

某企业于2010年2月25日采购一台设备,价值200万元,随同该设备购入的还有与相关的零部件价值50万元。该企业为增值税一般纳税人,增值税税率17%。

方案一,零部件随同设备计入固定资产。

在2010年方案一可以在企业所得税前扣除的折旧费为:

$$[(200+50) \div (5 \times 12)] \times 10 = 41.67(万元)$$

方案二,零部件作为低值易耗品入账。

在2010年方案二可以在企业所得税前扣除的折旧费为:

$$[200 \div (5 \times 12)] \times 10 + 50 = 83.33(万元)$$

所以,企业的成本费用应该尽可能选择计入存货成本。

3. 固定资产的筹划

(1) 固定资产维修费用的筹划。固定资产的维修与改良的税收处理不同。相比较而言,维修费用能够尽快实现税前扣除,而改良支出需要计入固定资产,通过折旧实现税前扣除。《企业所得税法实施条例》第六十九条规定:固定资产的大修理支出,是指同时符合下列条件的支出:第一,修理支出达到取得固定资产时的计税基础的50%以上;第二,修理后固定资产的使用年限延长2年以上。固定资产的大修理支出必须作为长期待摊费用按规定摊销,不得直接在当期税前扣除。

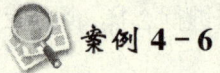

案例 4-6

甲企业固定资产维修费用税收筹划实例

甲企业对旧生产设备进行大修,大修过程中所耗材料费100万元,增值税额17万元,支付工人工资2万元,总花费119万元,而整台设备原值为200万元。

总的修理支出大于设备原值的50%,按照税法规定,凡修理支出达到取得固定资产时的计税基础的50%以上的,一律作为大修理支出,按照固定资产尚可使用年限分期摊销。因此应将119万元费用计入该设备原值,在以后的使用期限内逐年摊销。当总的修理支出小于100万元时,就可以视为日常维修处理,一次性在所得税前扣除。

(2) 固定是经营性租赁租入还是资产购入的税收筹划。

案例 4-7

乙企业固定资产经营性租赁租入或购入税收筹划实例

乙企业由于扩大生产,急需一台生产设备。此设备可以通过经营性租赁租入,也可以购入。企业所得税税率25%,贴现率10%。那么,在决策时有两个方案:

方案一:经营性租赁租入,每年租金15万元,假定每年年末支付,共租5年。

净现值 = −15×PVIFA(5,10%)×(1−25%)
       = −15×3.791×(1−25%) = −42.7(万元)

方案二：购入该设备，买价 60 万元，5 年提完折旧，每年 12 万元。

净现值 = −60+12×25%×PVIFA(5,10%)
       = −60+12×3.791×25% = −48.6(万元)

可见，方案一净现值小于方案二，所以企业应选择方案二，即购入该设备。

（三）销售活动中的税收筹划

销售的顺利实现是企业再生产顺利进行的保证，通过对销售成本和收入税收筹划，可以有效提高企业产品竞争力。

1. 销售身份的选择

一般纳税人与小规模纳税人在税率和计税方法存在差异，在销售收入相同的情况下，我们应该选择哪一个呢？

案例 4-8

甲企业销售身份的选择税收筹划实例（一）

甲企业销售 117 万元（含税）商品，当期购进 58.5 万元（含税）原材料，该企业是否应该缴纳增值税？

在该企业为一般纳税人的情况下：

应缴纳增值税额 = 117÷(1+17%)×17% − 58.5÷(1+17%)×17% = 8.5（万元）

在该企业为小规模纳税人的情况下：

应缴纳增值税额 = 117÷(1+3%)×3% = 3.4(万元)

因此，该企业应选择小规模纳税人身份。

案例 4-9

甲企业销售身份的选择税收筹划实例(二)

甲企业销售 117 万元(含税)商品,当期购进 96 万元(含税)原材料,该企业是否应该缴纳增值税额?

在该企业为一般纳税人的情况下:

应缴纳增值税额 = $117 \div (1+17\%) \times 17\% - 96 \div (1+17\%) \times 17\% = 3.05$(万元)

若该企业为小规模纳税人,则:

应缴纳增值税额 = $117 \div (1+3\%) \times 3\% = 3.4$(万元)

因此,该企业应选择一般纳税人身份。

综合上述情况,我们应该找出一个纳税平衡点。

设 V 为增值率,S 为含税销售额,P 为含税购进额,并假定一般纳税人适用税率为 17%,小规模纳税人适用税率为 3%。含税销售额无差别平衡点增值率的计算为:

一般纳税人增值率:$V = (S-P) \div S$

一般纳税人应纳增值税 = $S \div (1+17\%) \times 17\% - P \div (1+17\%) \times 17\%$
$= S \times V \div (1+17\%) \times 17\%$

小规模纳税人应纳增值税 = $S \div (1+3\%) \times 3\%$

两种纳税人纳税额相等时,则:

$$S \times V \div (1+17\%) \times 17\% = S \div (1+3\%) \times 3\%$$

得:$V = 20.05\%$

由此可知,当 $V \leqslant 20.05\%$ 时,一般纳税人税负低于小规模纳税人,选择一般纳税人可以实现节税目标;当 $V \geqslant 20.05\%$ 时,小规模纳税人税负低于一般纳税人,选择小规模纳税人可以实现节税目标。

表4-1　　　　一般纳税人与小规模纳税人无差别平衡点增值率

	一般纳税人税率	小规模纳税人征收率	无差别平衡点增值率
销售额和购进额（含增值税）	17%	3%	20.05%
	13%	3%	25.32%
销售额和购进额（不含增值税）	17%	3%	17.65%
	13%	3%	23.08%

企业可以计算本单位产品的增值率,根据表4-1选择企业增值税的纳税人身份。如果企业增值率低于无差别平衡点增值率,则通过合并企业等方式选择一般纳税人模式;如果纳税人增值率高于无差别平衡点增值率,则通过分立分公司或子公司方式选择小规模纳税形式。

2. 促销方式的选择

由于现在大多数产品处于买方市场,商家为了盈利,会采取各种促销方式,吸引顾客,但各种促销方式的税收负担不同,企业的销售成本也不同。因此,企业应结合自己实际情况和国家相关政策,设计最佳促销方案,达到节税增效的目的。

案例 4-10

某超市促销方式的选择税收筹划实例

某超市为增值税一般纳税人,假定每销售100元商品,其平均商品成本为60元。年末商场决定开展促销活动,拟定"满100送20",即每销售100元商品,送出20元的商品。具体方案有如下几种选择:

方案一:顾客购物满100元,商场送8折商业折扣的优惠。

这一方案企业销售100元商品收取80元,只需在销售票据上注明折扣额,销售收入可按折扣后的金额计算,假设商品增值税税率为17%,企业所得税税率为25%,则:

应纳增值税=[80÷(1+17%)]×17%-[60÷(1+17%)]×17%=2.91(元)

应纳企业所得税=[80÷(1+17%)-60÷(1+17%)]×25%=4.27(元)

税后净收益=[80÷(1+17%)-60÷(1+17%)]- 4.27=12.82(元)

方案二：顾客购物满100元，商场赠送折扣券20元(不可兑换现金，下次购物可代币结算)，则：

应纳增值税=[100÷(1+17%)]×17%-[60÷(1+17%)]×17%=5.81(元)

应纳企业所得税=[100÷(1+17%)-60÷(1+17%)]×25%=8.55(元)

税后净收益=[100÷(1+17%)-60÷(1+17%)]-8.55=25.64(元)

但当顾客下次使用折扣券时，商场就会出现按方案一计算的纳税及获利情况，因此与方案一相比，方案二仅比方案一多了流入资金增量部分的时间价值而已，也可以说是"延期"折扣。

方案三：顾客购物满100元，商场送加量，顾客可再选购价值20元商品，实行捆绑式销售，总价格不变。

按此方案，商场为购物满100元的商品实行加量不加价的优惠。商场收取的销售收入没有变化，但由于实行捆绑式销售，避免了无偿赠送，因而加量部分成本可以正常列支，则：

应纳增值税=[(100÷(1+17%)]×17%-[60÷(1+17%)]×17%
  -[12÷(1+17%)]×17%=4.07(元)

应纳企业所得税=[100÷(1+17%)-60÷(1+17%)
  -12÷(1+17%)]×25%=5.98(元)

税后净收益=[100÷(1+17%)-60÷(1+17%)
  -12÷(1+17%)]-5.98=17.95(元)

在以上方案中，若方案一再把20元的商品作正常销售，相关计算为：

应纳增值税=[20÷(1+17%)]×17%-[12÷(1+17%)]×17%=1.16(元)

应纳企业所得税=[20÷(1+17%)-12÷(1+17%)]×25%=1.71(元)

税后净收益=[20÷(1+17%)-12÷(1+17%)]-1.71=5.13(元)

按上面的计算方法，方案一最终可获税后净利为17.95元(12.82+

5.13),与方案三近似。但方案一的再销售能否及时实现具有不确定性,并且存货占用资金的成本,影响企业再生产的顺利进行。

由此可见,企业可以通过销售方式的选择,获得最大化利润。

---

3. 销售模式的选择:视同买断代销还是收取手续费代销

(1) 视同买断的代销,即委托方按合同协议价款收取代销货款,实际售价由受托方决定,实际售价与合同协议价之间的差额,由受托方所有。

(2) 收取手续费的代销,即受托方按委托方协议规定的价格销售代销商品,不得自行改变售价,委托方按协议规定的比例向受托方支付代销手续费。

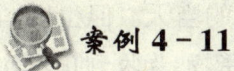

案例 4-11

甲公司销售模式的选择税收筹划实例

甲公司是玩具生产企业,增值税一般纳税人。现要销售一批玩具,有以下两种方案可以选择:

方案一:甲公司于 2010 年 11 月 1 日委托乙商场代销玩具 100 件,合同协议价格 80 元/件(不含税)。乙商场每件售价 100 元(不含税)对外出售。甲公司收到代销清单。则:

甲公司应交增值税额 $=8\,000\times 17\% =1\,360$(元)

乙商场应交增值税额 $=10\,000\times 17\% -8\,000\times 17\% =1\,700-1\,360=340$(元)

方案二:乙商场按协议价 20% 向甲公司收取手续费,合同协议价格 100 元/件。则:

甲公司应交增值税额 $=10\,000\times 17\% =1\,700$(元)

乙商场应交增值税额 $=0$

乙商场应交营业税 $=2\,000\times 5\% =100$(元)

方案一与方案二相比:甲公司收入不变,应交税费减少 340 元;乙商场收入不变,应交税费增加240元。

由上可见,企业应与代销方协商,选择视同买断的方式销售产品。

---

4. 销售结算方式:直接收款、委托代销还是分期收款

从税收角度看,企业选择的销售结算方式不同,将导致应税收入确认时间和企业缴税时间不同,产生货币时间价值也不同。

《增值税暂行条例》规定:① 采取直接收款方式销售货物,不论货物是否发出,均为收到销售额或取得索取销售额的凭据,并将提货单交给买方的当天。② 采取托收承付和委托银行收款方式销售货物,为发出货物并办妥托收手续的当天。③ 采取赊销和分期收款方式销售货物,为按合同约定的收款日期的当天。④ 采取预收货款方式销售货物,为货物发出的当天。但生产销售、生产工期超过12个月的大型机械设备、船舶、飞机等货物,为收到预收款或书面合同约定的收款日期的当天。⑤ 委托其他纳税人代销货物,为收到代销单位销售的代销清单的当天;未收到代销清单及货款的,其纳税义务发生时间为发出代销货物满180天的当天。

案例 4-12

甲企业销售结算方式的选择税收筹划实例

甲企业是一家玩具生产企业,预计于2010年10月10日向乙商场销售一批玩具,销售价款合计100万元(不含税),双方都是增值税一般纳税人。现有以下几种方式选择:

方案一:直接收款销售,即在2010年10月10日,无论是否收到货款,甲企业都应确认应税收入,计算缴纳增值税和企业所得税。该方案可以保证企业及时收到货款,回笼资金,避免呆坏账的出现。如果甲企业商品市场需求广,甲企业还可以采用预售货款方式销售,提前获得一笔资金而不用确认应税收入。

方案二：委托代销，即甲企业将玩具委托给乙商场代销，合同约定价100万元，甲企业支付乙商场2万元代销手续费，同时甲企业减少1.5万元销售费用。预计甲企业于12月初收到乙商场的代销清单。在10月10日由于没有收到代销清单，甲企业不用确认收入和计算缴纳应缴税款，在收到乙商场的代销清单时计算纳税。

方案三：分期收款销售商品，即甲企业与乙商场签订购销合同时，约定分别在11月10日和12月10日收取货款。由于双方购销合同约定的收款日期在2010年11月10日，则甲企业在10月10日发货时，不用缴纳税款，在11月10日确认收入缴纳税款。此方式虽然不能减少税款总额，但可以延迟缴纳税款，企业获得此笔税款的时间价值。

5. 兼营不同税率应税项目的税收筹划

纳税人兼营不同税率的应税项目，应分别核算各自的销售税额，避免从高适用税率的情况；但企业应结合自己的实际情况，有时合并计算也会带来节税效果。

(1) 兼营不同税率的产品。

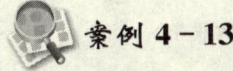

案例4-13

某房地产开发企业不同税率的产品税收筹划实例

某房地产开发企业，2010年11月份商品房销售收入为1.5亿元，其中普通住宅的销售额为1亿元，豪华住宅的销售额为5 000万元。税法规定的可扣项目金额为1.1亿元，其中普通住宅的可扣除项目金额为8 000万元，豪华住宅的可扣除项目金额为3 000万元。

方案一：不分开核算。增值额与扣除项目金额的比例为：

$$(15\,000-11\,000)\div 11\,000\times 100\%=36\%$$

适用30%的税率，则该企业应缴纳土地增值税为：

$$(15\,000-11\,000)\times 30\%=1\,200(万元)$$

方案二：分开核算。普通住宅增值额与扣除项目金额的比例为：

$$(10\,000-8\,000)\div 8\,000\times 100\%=25\%(适用30\%的税率)$$

应缴纳土地增值税为：

$$(10\,000-8\,000)\times 30\%=600(万元)$$

豪华住宅增值额与扣除项目金额的比例为：

$$(5\,000-3\,000)\div 3\,000\times 100\%=67\%(适用40\%的税率)$$

应缴纳土地增值税为：

$$(5\,000-3\,000)\times 40\%-3\,000\times 5\%=650(万元)$$

由上述计算结果，我们可以看出，普通住宅和豪华住宅合计应交土地增值税1 250万元，分开核算比不分开核算多缴纳土地增值税50万元。

但将上述可扣除项目金额改变之后，情况会怎么样呢？

假设税法规定的可扣项目金额为1.1亿元，其中普通住宅的可扣除项目金额为9 000万元，豪华住宅的可扣除项目金额为2 000万元。

方案三：不分开核算。增值额与扣除项目金额的比例为：

$$(15\,000-11\,000)\div 11\,000\times 100\%=36\%(适用30\%的税率)$$

该企业应缴纳土地增值税为：

$$(15\,000-11\,000)\times 30\%=1\,200(万元)$$

方案四：分开核算。普通住宅增值额与扣除项目金额的比例为：

$$(10\,000-8\,500)\div 8\,500\times 100\%=17.64\%<20\%$$

根据土地增值税优惠政策，纳税人建造普通标准住宅出售，增值额未超过扣除项目金额20%的，免税。因此，本企业该普通住宅应缴纳土地增值税为0。

豪华住宅增值额与扣除项目金额的比例为：

$(5000-2500)\div 2500\times 100\%=100\%$（适用 40% 的税率）

应缴纳土地增值税为：

$(5000-2500)\times 40\%-2500\times 5\%=875$（万元）

普通住宅和豪华住宅合计应交土地增值税 875 万元，分开核算比不分开核算少交土地增值税 325 万元。

所以，企业在计算合并还是分开核算时，应结合本企业的具体情况，选择合适的核算方式，获得最小化企业税负。

(2) 提供不同税率的服务。

案例 4-14

某五星级酒店不同税率的服务税收筹划实例

某五星级酒店在 2010 年 11 月取得住宿的收入 52 万元，餐饮收入 50 万元，游艺收入 20 万元，KTV 收入 30 万元，商务办公收入 2 万元，收入总计 154 万元。该酒店没有分开核算。

由于该酒店没有分开核算，从高适用税率，则：

该酒店当月应纳营业税 $=(52+50+20+30+2)\times 20\%=30.8$（万元）

如果该酒店分开核算，则：

该酒店当月应纳营业税 $=(52+50+2)\times 5\%+(20+30)\times 20\%=15.2$（万元）

6. 产品定价筹划

产品的价格并不是越高越好，尤其是对一些实行累进税率的产品，可能因为定价高 1 元，而使企业适用高税率，增加企业税负。

案例 4-15

房地产楼盘产品定价税收筹划实例

某房地产开发商于 2010 年 10 月取得一块土地,用于开发普通住房,于 2010 年年底建成,除营业税金及附加以外可扣除项目总金额为 4 000 万元(包括加计扣除的 20%),预计 2011 年 4 月完成对外销售,整个楼盘预计对外销售总价款为 5 200 万元。计算这家房地产开发商应缴纳的土地增值税、营业税及企业所得税(其他小税种忽略不计)如下:

应纳营业税及附加 = 5 200 × 5.5% = 286(万元)

增值额 = (5 200 − 4 000 − 286) = 914(万元)

增值率 = (5 200 − 4 000 − 286) ÷ 4 000 × 100% = 22.85% > 20%

应纳土地增值税额 = 914 × 30% = 274.2(万元)

应纳企业所得税额 = (5 200 − 4 000 − 286 − 274.2) × 25% = 159.95(万元)

税后获利额 = (5 200 − 4 000 − 286 − 274.2 − 159.95) = 479.85(万元)

在进行税收筹划后,该房地产将整个楼盘对外销售价格总额调整为 5 100 万元,其他情况与前面相同。此时,该开发商整个纳税情况如下:

应纳营业税及附加 = 5 100 × 5.5% = 280.5(万元)

增值额 = (5 100 − 4 000 − 280.5) = 819.5(万元)

增值率 = (5 100 − 4 000 − 280.5) ÷ 4 280.5 × 100% = 19.15%

19.15% < 20%,免于征收土地增值税

应纳企业所得税额 = (5 100 − 280.5 − 4 000) × 33% = 270.44(万元)

税后获利额 = (5 100 − 4 000 − 280.5 − 270.44) = 549.06(万元)

筹划后与筹划前的纳税情况比较,开发商虽在销售价格上降低了 100 万元,税后利润反而增加了 69.21 万元。这是充分利用增值税税收优惠政策所带来的合法节税收益。企业应积极利用定价差异,获得利润最大化,尤其是在税率临界点附近。

7. 成套产品销售方式

当企业进行成套产品销售时,应注意成套产品中应税项目、免税项目,以及非应税项目所占商品比重,如果非应税项目、免税项目所占比重大,最好分开核算,防止适用高税率。

比如,现行消费税政策规定,纳税人兼营不同税率的应税消费品,应当分别核算不同税率应税消费品的销售额和销售数量,未分别核算不同税率的,从高适用税率。消费税的纳税环节主要在生产环节和进口环节,除个别消费品(金银首饰,钻石,钻石饰品)在零售环节。合理利用政策,有效利用政策,减低税负。

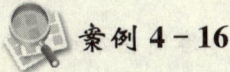
案例 4—16

舒琳化妆品厂成套产品销售方式税收筹划实例

舒琳化妆品厂生产的化妆品、护肤护发用品、小化妆工具等。近期推出化妆品套装,每套消费品有下列产品组成:眉彩一支 50 元;指甲油一瓶 10 元;乳液两瓶 40 元;护发素一瓶 15 元;香皂一块 5 元;化妆工具 20 元。每套全价 140 元(不含税价)。舒琳化妆品厂销售套装应交消费税 60 元[140÷(1−30%)×30%]。

经财务人员与公司协商,改变做法,舒琳化妆品厂先将这些商品销售给商家,同时配比好各种商品的数量,并按不同商品的销售额分别核算,开具发票。最后,商家按照配比好的各种商品的数量,包装销售。

舒琳化妆品厂经过配比后的销售套装应交消费税 25.7 元[(50+10)÷(1−30%)×30%],消费税的纳税环节主要在生产环节,所以商家不再缴税。舒琳化妆品厂每套化妆品节税 34.3 元(60−25.7)。

因此,该化妆品厂应在日常活动中做到分开销售,分开核算,减低税负。

(四) 合同签订中的税收筹划

企业在生产经营中签订的合同主要包括购销合同、加工承揽合同、建设工程勘察设计合同、建筑安装工程承包合同、财产租赁合同、货物运输合同、仓储保管合同、借款合同、财产保险合同、技术合同等。在签订合同之前有意识地进行税收筹划，有利于降低企业税收负担和经营成本。合同签订的税收筹划主要涉及营业税和印花税的税收筹划。

1. 分解营业额，降低税负

案例 4-17

嘉祥公司分解营业额税收筹划实例

嘉祥公司是一家中介服务公司，其主要业务是帮助外地客商在本地举办各种展销会，在本地市场上推销其商品。2010年11月，该公司举办了为期5天的羽绒服展销会，吸引了120家客商参展，并与每家客商签订了合同，合同规定：嘉祥公司对每家客商收取服务费2万元，营业收入共计240万元。另外，嘉祥公司支付场地费100万元。

中介服务属于"服务业"税目，应纳营业税12万元(240×5％)。

筹划之后，嘉祥公司让每家客商分别和租赁场地方签订租赁合同，共计100万元，嘉祥公司在与每家客商签订中介服务合同140万元，则嘉祥公司应纳营业税7万元(140×5％)。通过税收筹划，税负减轻5万元。

2. 减少转包次数

建筑安装工程承包合同是印花税中的一种应税凭证，该种合同的计税依据为合同上记载的承包金额，其适用税率为0.03％。根据印花税的规定，施工单位将自己承包的建设项目分包或者转包给其他施工单位所签订的分包合同或者转包合同，应按照新的分包合同或者转包合同上所记载的金额再次计算应纳税额。因为印花税是一种行为性质的税种，只要有应税行为发生，则应按税法规定纳税。总承包合同依法计税贴花,新的分包或转包合同发生了新的纳税义务,依法计税贴花。减少转包次数,相应降低转包过程中的税收,以达到节约部分应缴税款的目的。

案例 4-18

甲建筑公司减少转包次数税收筹划实例

甲建筑公司与乙单位签订一份建筑合同,总计金额为 1 000 万元,该建筑公司又分别与建筑公司丙和丁签订分包合同,其合同记载金额分别为 300 万元和 300 万元,则应纳税额的计算如下:

(1) 甲与乙签订合同时,双方各应纳税为:

$$1\,000 \times 0.03\% = 0.3(万元)$$

(2) 甲与丙和丁签订合同时,甲方应纳税额为:

$$(300+300) \times 0.03\% = 0.18(万元)$$

丙和丁各应纳税额为:

$$300 \times 0.03\% = 0.09(万元)$$

(3) 这三家建筑公司共计应纳印花税:

$$0.3+0.18+0.09 \times 2 = 0.66(万元)$$

进行合理筹划,乙单位分别与上述甲、丙、丁建筑公司签订合同,则这三家公司的应纳税额计算如下:

(1) 甲应纳税额为:

$$400 \times 0.03\% = 0.12(万元)$$

(2) 丙和丁各应纳税额为:

$$300 \times 0.03\% = 0.09(万元)$$

(3) 这三家公司共计应纳印花税:

$$0.12+0.09 \times 2 = 0.3(万元)$$

(4) 经筹划后节省税额为：

0.66－0.3＝0.36(万元)

---

3. 利用模糊金额或保守筹划

税法规定对于在签订时无法确定计税金额的合同,可在签订时先按定额5元贴花,以后结算时再按实际金额计税,补税贴花。因此,纳税人在签订金额较大的合同时,可以使合同中所载金额不能明确。企业在签订时先按定额5元贴花,以达到少缴印花税税款和延迟缴纳印花税的目的。

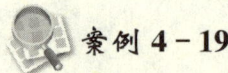

案例 4－19

某企业保守金额税收筹划实例

某企业与 A 公司签订生产设备租赁协议,协议租金 50 万元/年,租赁期限 1 年,则该企业应缴印花税 500 元(500 000×0.1‰),如果该企业在签订合同时,租赁期限为按日计算,由于租赁期限不固定,企业在签订时先按定额 5 元贴花,可以节税 495 元。

因此,双方在订立合同时应考虑在以后经济交往中可能会遇到的种种情况,确定比较合理、保守的金额,防止所载金额大于合同履行后的实际结算金额。

四、筹资活动中的税收筹划

企业的筹资方式有:债务筹资和权益筹资。债务筹资主要包括:银行借款、公司债券;权益筹资主要包括:使用自身积累、普通股和优先股。

(一) 不同融资方式的选择

债务筹资的筹资费用和利息可在所得税前扣除,具有更低的资金成本和较高的节税利益;权益筹资只能扣除筹资费用,股息不能作为利息支出,而在税后利润中分配。通常情况下,企业自我积累筹资的税收负担重于向金融机构贷款所承受的税收负担。

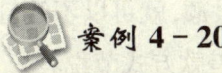 案例 4-20

某上市公司融资方式税收筹划实例

某上市公司计划筹资 4 000 万元用于扩大产品生产,此前企业未发行股票,无其他负债,借款年利率为 10%,企业所得税税率为 25%。预计公司当年息税前利润为 1 000 万元。对此,该公司制定了以下两种筹资方案:

方案一:采取负债筹资与权益筹资相结合的方式,向中国银行借款 2 000 万元,向社会公开发行股票 2 000 万元,发行价为 2 元/股,共计发行股票 1 000 万股。

方案二:采取负债筹资与权益筹资相结合的方式,向中国银行借款 3 000 万元,向社会公开发行股票 1 000 万元,计划发行价为 2 元/股,共发行股票 500 万股。

方案一应纳企业所得税额为:

(1 000-200)×25%=200(万元)

方案二应纳企业所得税额为:

(1 000-300)×25%=175(万元)

由计算结果可以得知,方案二比方案一要少缴 25 万元所得税,所以,在企业负债比例合理的情况下,应尽量选择债务筹资。

(二) 不同借款方式筹划

按照税法规定,银行及其他金融机构与借款人所签订的合同,以及只填开借据并作为合同使用,取得银行借款的借据应按照"借款合同"税目缴纳印花税。而企业之间的借款合同不需要贴花。因此,在借款利率相同的情况下,向企业借款更能节税。

企业向金融机构借款,如果按年签订借款合同,规定借款的最高限额,在签订合同的同时,应按合同规定的最高借款限额计算缴纳印花税。在合同期限内,可随借随还,每次借款只要不超过合同载明的最高限额,就可以不签订新合同,不缴纳印花税。企业采用此借款方式比一般短期借款方式节税。

五、投资活动中的税收筹划

企业的投资活动分为:直接投资和间接投资。直接投资是指投资者将资金直接投入投资项目,形成实物资产,直接进行或参与投资的管理来获得收益的行为。比如,固定资产、无形资产投资。间接投资是指投资者以其资本购买债券或公司股票等各种有价证券,以预期获取一定收益的投资。

我国在投资方面有很多税收优惠待遇,包括减免税和税额扣除等。企业在进行投资时应该综合考虑投资项目的各种税收待遇,进行项目评估和选择,从而获得最大的税后收益。

(一)固定资产投资税收筹划,利用税收优惠政策选购固定资产

《企业所得税法》规定:企业购置并实际使用《环境保护专用设备企业所得税优惠目录》、《节能节水专用设备企业所得税优惠目录》和《安全生产专用设备企业所得税优惠目录》规定的环境保护、节能节水、安全生产等专用设备,其设备投资额的10%可以从企业当年的应纳税额中抵免;当年不足抵免的,可以在以后5个纳税年度结转抵免。

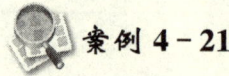

甲企业固定资产投资税收筹划实例

甲企业需要购买1台设备,该设备市场上有两种型号,普通型号需要1 000万元,节能型号需要1 200万元,但每年可节能20万元(不考虑折现)。

普通型号的净支出＝1 000－(1 000÷5)×25％×5＝750(万元)
节能型号的净支出＝1 200－1 200×10％－(1 200÷5)×25％×5
－20×5×(1－25％)＝705(万元)

从上面的计算结果我们可以看出,甲企业购买节能设备净支出小于普通型号的净支出,企业应该购买节能设备,企业在固定资产投资中应结合本企业实际情况,积极利用国家优惠政策进行税收筹划。

(二) 投资方式的选择

合作建房是指一方提供土地使用权;另一方提供资金,双方合作,建造房屋。合作建房有两种方式,即"以物易物"方式和成立"合营公司"方式,不同方式将产生不同的纳税义务。在这种情况下,纳税人可以通过选择合理的合作建房方式,以达到节税目的。

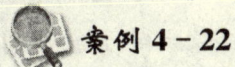

案例 4-22

企业投资方式的选择税收筹划实例

甲、乙两企业合作建房,甲企业提供土地使用权,乙企业提供资金。甲、乙两企业约定,房屋建成后,双方均分。经评估核定该房产价值2 000万元,于是甲、乙各分得1 000万元价值的房屋所有权。甲方按转让土地所有权应缴营业税50万元(1 000×5％),乙方按销售不动产应纳营业税50万元(1 000×5％)。

若进行税收筹划,则甲企业可以不缴纳营业税。具体操作过程如下:甲企业以土地使用权、乙企业以货币资金成立合营企业,合作建房,房屋建成后双方采取风险共担、利润共享的分配方式。当前营业税法规定,以无形资产投资入股,参与接收投资方的利润分配、共同承担投资风险的行为,不征收营业税。由于甲向企业投入的土地使用权是无形资产,因此,无须缴纳营业税。

(三)企业设立方式的选择:子公司还是分公司

《中华人民共和国公司法》第十四条规定:"子公司具有法人资格,依法独立承担民事责任;分公司不具有法人资格,其民事责任由公司承担。"子公司和分公司存在较大差别,下面我们分析两者的特征及其税收政策。

(1)子公司是企业所得税的独立纳税人。子公司是对应母公司而言的,是指被另一家公司(母公司)有效控制的下属公司或者是母公司直接或间接控制的一系列公司中的一家公司。子公司是一个独立企业,具有独立的法人资格。子公司因其具有独立法人资格,能享受所在国为新设公司提供的免税期或其他税收优惠政策。但建立子公司一般需要复杂的手续,财务制度较为严格,必须独立开设账簿,并需要复杂的审计和证明,经营亏损不能冲抵母公司利润。

(2)分公司不是企业所得税的独立纳税人。分公司是指公司独立核算的、进行全部或部分经营业务的分支机构,如分厂、分店等。分公司是企业的组成部分,不具有独立的法人资格。《企业所得税法》第五十条规定:"居民企业在中国境内设立不具有法人资格的营业机构的,应当汇总计算并缴纳企业所得税。"汇总纳税是指一个企业总机构和其分支机构的经营所得,通过汇总纳税申报的办法实现所得税的汇总计算和缴纳。设立分支机构,使其不具有法人资格,就可由总公司汇总缴纳所得税。这样可以实现总、分公司之间盈亏互抵,合理减轻税收负担。

案例 4-23

企业设立方式的选择税收筹划实例

家家农业技术公司为扩大生产经营范围,准备在内地兴建一家水果罐头加工企业,在选择罐头加工企业组织形式时,该公司进行如下税务分析:

果木的生长需要3~4年,这使企业在开办初期面临着很大的亏损,但亏损会逐渐减少。经估计,此水果罐头加工公司第一年的亏损额为100万元;第二年亏损额为50万元;第三年亏损额为10万元;第四年开始盈利,盈利额为

200万元。内地适用税率25%。

家家农业技术公司属于国家重点扶持的高新技术公司,适用的公司所得税税率为15%。未来4年内,家家农业技术公司总部应纳税所得额均为500万元。

表4-2　　　　　　　　两种方式应纳所得税额　　　　　　　　单位:万元

年　份	将罐头公司设立为子公司	将罐头公司设立为分公司
第一年	500×15%=75	(500-100)×15%=60
第二年	500×15%=75	(500-50)×15%=67.5
第三年	500×15%=75	(500-10)×15%=73.5
第四年	(200-100-50-10)×25%+500×15%=85	(500+200)×15%=105
总　计	310	306

企业在建立初期,一般难免亏损,所以应主要选择分公司形式,由总公司、分公司合并纳税,企业税收负担小;当企业生产走上正轨,应设立为子公司形式,享受当地的税收优惠政策,同时应该考虑企业的设立成本。

六、企业合并与分立的税收筹划

(一)企业合并的税收筹划

在税收方面,企业合并对于合并方是一种支付行为,除了非货币性资产支付一般需要视同销售缴税,一般不涉及税收问题;对于被合并方,企业资产被合并转移,企业股东获得收入,因此,被合并企业应按合并企业为合并而支付的现金及其他代价减去被并企业合并日净资产的计税成本,并将该财产转让所得计入当期应纳税所得额。财税[2009]59号文件第四条第(四)项规定,企业重组,除符合特殊性税务处理规定的以外,按以下规定进行税务处理:① 合并企业应按公允价值确定接受被合并企业各项资产和负债的计税基础。② 被合并企业及其股东都应按清算进行所得税处理。③ 被合并企业的亏损不得在合并企业结转弥补。以上处理,即一般性税务处理。

财税[2009]59号文件第五条规定,企业重组同时符合下列条件的,适用特殊性税务处理规定:① 具有合理的商业目的,且不以减少、免除或者推迟缴纳税款为主要目的。② 被收购、合并或分立部分的资产或股权比例符合本通知规定的比例。③ 企业重组后的连续12个月内不改变重组资产原来的实质性经营活动。④ 重组交易对价中涉及股权支付金额符合本通知规定比例。⑤ 企业重组中取得股权支付的原主要股东,在重组后连续12个月内,不得转让所取得的股权。该文件同时规定,符合通知第五条规定条件的企业合并,企业股东在该企业合并发生时取得的股权支付金额不低于其交易支付总额的85%,以及同一控制下且不需要支付对价的企业合并,可以选择对交易中股权支付暂不确认有关资产的转让所得或损失。财税[2009]59号文件第六条第(六)项规定,重组交易各方按规定对交易中股权支付暂不确认有关资产的转让所得或损失的,其非股权支付仍应在交易当期确认相应的资产转让所得或损失,并调整相应资产的计税基础。非股权支付对应的资产转让所得或损失=(被转让资产的公允价值−被转让资产的计税基础)×(非股权支付金额÷被转让资产的公允价值)。

案例 4-24

企业合并的税收筹划实例

甲企业合并乙企业,乙企业被合并时账面净资产为5 000万元(计税基础),评估公允价值为6 000万元。乙企业有以下两种方案可以选择:

方案一:甲企业支付股权4 000万元,其他非股权支付2 000万元。此合并中,甲企业接受乙企业的净资产按公允价值6 000万元作为计税基础。乙企业资产评估增值1 000万元需要按规定缴纳企业所得税,按清算分配处理。

方案二:甲企业支付股权5 500万元,其他非股权支付500万元,则股权支付额占交易支付总额比例为91.67%(5 500÷6 000×100%),超过85%,可以选择特殊性税务处理,即乙企业资产增值部分1 000万元不缴纳企业所得税。同时,甲、乙双方的股份置换也不确认转让所得或损失。乙股东只按非股权收入500万元对应的转让所得83.33万元[(6 000－5 000)×500÷6 000]缴税。

(二)企业分立的税收筹划

企业分立是指一个企业将部分或全部业务分离出去,划分成两个或两个以上企业的行为。

1. 利用分立,降低企业流转税负

我国现行流转税有一些优惠政策规定,某些产品是免税或者适用低税率,这类产品在税收核算上有一些特殊要求,一些企业往往由于种种原因不能满足这些核算要求而丧失了税收上的一些利益。如果企业将这些享受优惠政策产品的生产部门分立为独立的企业,可能会获得流转税免税或税负降低的好处。

案例 4-25

企业分立的税收筹划实例

甲制药厂主要生产保健药品,也生产避孕药品。2009年,该厂保健药品的销售收入为500万元,避孕药品的销售收入为130万元。全年购进货物的增值税进项税额为80万元。

合并经营时可以抵扣的进项税额为:

$$80-80×130÷650=64(万元)$$

经筹划甲制药厂另设立一个制药厂,假设避孕药品的进项税额为10万元,则甲制药厂可抵扣的增值税进项税额为70万元(80－10),大于合并经营时可抵扣的64万元。此时,甲制药厂应另外再分设一个制药厂。

2. 利用特殊分立方式,降低企业分立的所得税负担

依据《财政部、国家税务总局关于企业重组业务企业所得税处理若干问题的通知》(财税[2009]59号)规定,企业分立的所得税处理分为两种情况:一种适用所得税处理的一般性规定;另一种适用所得税处理的特殊性规定。

运用所得税处理的特殊性规定,在企业分立中,若分立企业支付给被分立企业或其股东的交换价款中,被分立企业股权支付金额不低于其交易支付总额的85%,经税务机关审核确认,企业分立当事各方可选择按下列规定进行分立业务的所得税处理:

第一,分立企业接受被分立企业全部资产和负债的成本,以被分立企业原有计税基础确定。

第二,被分立企业已分立资产相应的纳税事项由分立企业承继。

第三,被分立企业未超过法定弥补期限的亏损额,可按分离资产占全部资产的比例进行分配,由接受分离资产的分立企业继续弥补。

第四,被分立企业不确认分立资产的转让所得或损失,不计算缴纳企业所得税。

企业在同等条件下分立,应尽量采用所得税处理的特殊性处理的规定,以获得税后利润最大化。

(三)企业清算的税收筹划

清算是指企业因某种原因终止时,清理企业财产、收回债权、清偿债务并分配剩余财产的行为。企业只要进入清算,持续经营假设便不存在,因此,企业清算时应以清算期间作为独立的纳税年度。财税[2009]60号文件规定,企业应将整个清算期作为一个独立的纳税年度计算清算所得。企业如果在年度中间终止经营,该年度终止经营前属于正常生产经营年度,此后属于清算年度,因此,当企业准备清算时,企业存在大量的盈利,应该推迟清算期,利用时间差进行税收筹划。

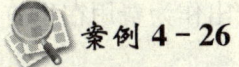
案例 4-26

企业清算的税收筹划实例

某企业于 2010 年 6 月 30 日向董事会提交解散申请,于 7 月 1 日进行清算。但本年度 1～6 月公司盈利 10 万元,7 月 1 日至 7 月 10 日发生费用 15 万元,假设该企业清算所得 12 万元。

清算日期为 7 月 1 日,则本公司 1～6 月应纳所得税额为 2.5 万元(10×25%);清算所得亏损 3 万元(12-15),清算损失不纳税。

经过筹划,将清算日期调整为 7 月 11 日,则 1～6 月亏损 5 万元(10-15),不纳税;清算所得应纳税额为 1.75 万元[(12-5)×25%]。

由两个方案结果可见,经筹划后,可减轻税负 0.75 万元。

七、薪酬激励的税收筹划

薪酬激励可以提高员工的工作积极性,增加员工对公司的依赖程度和归属感。如果企业对员工的薪酬激励进行精心筹划,增加员工税后收益,不仅有利于员工福利的提高,而且有利于企业生产效率的提高和企业文化的形成。

(一)工资、薪金筹划

工资、薪金所得是指个人因任职或者受雇而取得的工资、薪金、奖金、年终加薪、劳动分红、津贴、补贴以及与任职或者受雇有关的其他所得。虽然这些个人所得税由个人自己负担,但如果企业能够进行精心筹划,不但对职工有利,而且对企业也会产生有利的影响。

1. 为职工提供福利性支出

企业为职工提供福利性支出包括提供住所,提供免费午餐等。可由雇员与雇主协商,由雇主支付个人在工作期间的寓所租金,而工资、薪金在原有基础上做适当的调整。通过这种方式,雇主的负担不变,雇员因此而降低了个人所得税中工资、薪金应负担的税收。企业可以把这些支出作为费用在税前扣除,加大企业所得税的扣除力度。

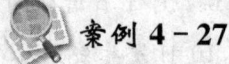

工资、薪金所得税收筹划实例

2011年11月,甲公司副经理贾先生每月从公司获取工资、薪金所得6 000元,由于租住一套两居室,每月付房租2 000元,贾先生可支配月收入为4 000元。这时贾先生应纳的个人所得税为:

$$(6\,000-3\,500)\times 10\%-105=145(元)$$

如果公司为贾先生提供免费住房,每月名义工资下调到4 000元,则贾先生应纳个人所得税为:

$$(4\,000-3\,500)\times 3\%=15(元)$$

经筹划后,贾先生可节省所得税130元(145-15)。

2. 均衡各月工资、薪金

对于采掘业、远洋运输业、远洋捕捞业等企业而言,在受季节影响大、月收入不均程度较大时,应尽可能地将上一年度员工发放的大额度奖金性收入平均到下一个年度发放,避免由于各月工资差额过大而增加税负。

3. 合理安排劳务报酬和工资、薪金

由于劳务报酬和工资、薪金适用不同的计税方法和税率,所以合理安排工资、薪金所得和劳务报酬可以节税。比如,当应纳税所得额比较少的时候,工资、薪金所得适用的税率比劳务报酬所得适用的20%的比例税率低,因此,在可能的时候将劳务报酬所得转化为工资、薪金所得,能省税收。

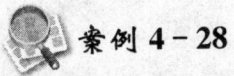 案例 4-28

劳务报酬和工资、薪金所得税收筹划实例(一)

王女士 2011 年 11 月从单位获得工资 1 000 元,同月在甲企业提供咨询服务,当月报酬为 3 000 元。王女士与甲企业没有固定的雇佣关系,则按照税法规定,工资、薪金所得与劳务报酬所得应分开计算征收。这时,工资、薪金所得没有超过基本扣除限额 2 000 元,则不用纳税,而劳务报酬所得应纳税额为:

$$(3\,000-800)\times 20\%=440(元)$$

即王女士 11 月份应纳税额为 440 元。

如果王女士与甲企业签订固定的雇佣关系,则由甲企业支付的 3 000 元作为工资、薪金收入应和单位支付的工资合并缴纳个人所得税,应纳税额为:

$$(3\,000+1\,000-3\,500)\times 3\%=15(元)$$

在该案例中,如果王女士与甲企业签订固定的雇佣合同,则其每月可以节税 425 元。

当应纳税所得额比较多的时候,工资、薪金所得适用的税率比劳务报酬所得适用的 20% 的比例税率高,因此在可能的时候将工资、薪金所得转化为劳务报酬所得,能节省税收。

 案例 4-29

劳务报酬和工资、薪金所得税收筹划实例(二)

如上例中,王女士 2011 年 11 月从甲单位获得工资 30 000 元,由于王女士与甲企业有固定的雇佣关系。

则按照税法规定,工资、薪金应纳税额为:

$$(31\,000-3\,500)\times25\%-1\,005=5\,820(元)$$

如果王女士与甲企业没有有固定的雇佣关系,则应按劳务报酬所得缴纳个人所得税。

劳务报酬所得应纳税额为:

$$30\,000\times(1-20\%)\times30\%-2\,000=5\,200(元)$$

在该案例中,如果王女士与甲企业没有签订固定的雇佣合同,则其每月可以节税670元。

4. 一次性奖金的税收筹划

《国家税务总局关于调整个人取得全年一次性奖金等计算征收个人所得税方法问题的通知》规定:雇员取得全年一次性奖金包括:年终一次性奖金、年终加薪、实行年薪制和绩效工资办法的单位,根据考核情况兑现的年薪和绩效工资。个人取得全年一次性奖金计税方法:第一,先将当月取得的全年一次性奖金,除以12个月,按其商数确定适用税率和速算扣除数。第二,将雇员个人当月内取得的全年一次性奖金,按上述适用税率和速算扣除数计算征税。第三,如果雇员当月工资、薪金所得低于税法规定的费用扣除额(3 500元或4 800元)的,适用公式为:应纳税额=(雇员当月取得全年一次性奖金-雇员当月工资、薪金所得与费用扣除额的差额)×适用税率-速算扣除数。雇员取得除全年一次性奖金以外的其他各种名目奖金,如半年奖、季度奖、加班奖、先进奖、考勤奖等,一律与当月工资、薪金收入合并,按税法规定缴纳个人所得税。

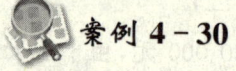
案例 4-30

一次性奖金的税收筹划实例

黄先生任职于某大型企业,每月工资5 500元,年终奖金30 000元。

则黄先生1年应纳所得税如下：

工资、薪金应纳所得税额＝[(5 500－3 500)×10％－105]×12＝1 140(元)

年终奖适用税率：30 000÷12＝2 500,适用税率10％

年终奖金应纳所得税额＝30 000×10％－105＝2 895(元)

黄先生1年应纳所得税总额＝2 895＋1 140＝4 035(元)

筹划方案一：将王先生1年的奖金平均到各月,每月2 500元。

黄先生1年应纳所得税总额＝[(5 500＋2 500－3 500)×10％－105]×12＝4 140(元)

筹划方案二：将年终一次性奖金30 000元中分出12 000元按月平均发放,每月1 000元。

工资、薪金应纳个人所得税总额＝[(5 500＋1 000－3 500)×10％－105]×12＝2 340(元)

年终奖适用税率：(30 000－12 000)÷12＝1 500,适用税率3％

年终奖金应缴纳所得税额＝(30 000－12 000)×3％＝540(元)

1年黄先生应缴纳所得税总额＝2 340＋540＝2 880(元)

通过筹划,在企业总支出不变的情况下,方案一帮黄先生节税105元,方案二帮黄先生节税1 155元,通过筹划增加企业员工的税后净收益,有利于激发员工工作效率。

(二) 分次申报税收筹划

个人所得税对劳务报酬、稿酬所得、特许权使用费、股息红利所得、财产租赁、偶然所得等要求按次计算征税。比如,对于劳务报酬所得,属于一次性收入的,以取得该项收入为一次；属于同一项目连续性收入的,以1个月内取得的收入为一次。个人兼有不同的劳务报酬所得,应当分别减除费用,计算缴纳个人所得税。

案例 4-31

分次申报税收筹划实例

王女士给某外企当兼职翻译,该外资企业年底一次性支付给王女士 33 600 元。

王女士的劳务应纳税所得额 = 33 600×(1−20%)×30%−2 000 = 6 064(元)

筹划:如果该外资企业每月支付王女士 2 800 元,全年共计 33 600 元。

王女士的劳务应纳税所得额 = [(2 800−800)×20%]×12 = 4 800(元)

筹划后王女士可少缴税额 1 264 元。

(三)股票期权筹划

(1)现在越来越多的企业采用股票期权的方法奖励员工。根据财政部、国家税务总局《关于个人股票期权所得征收个人所得税问题的通知》(财税[2005]135号)第一条规定,员工行权时,其从企业取得股票的实际购买价(施权价)低于购买日公平市场价格(指该股票当日的收盘价,下同)的差额,是因员工在企业的表现和业绩情况而取得的与任职、受雇有关的所得,应按"工资、薪金所得"适用的规定计算缴纳个人所得税。

员工行权日所在期间的工资、薪金所得,应按下列公式计算工资、薪金应纳税所得额:股票期权形式的工资、薪金应纳税所得额 = (行权股票的每股市场价−员工取得该股票期权支付的每股施权价)×股票数量;第四条第一款规定,该股票期权形式的工资、薪金所得可区别于所在月份的其他工资、薪金所得,单独按下列公式计算当月应纳税款:应纳税额 = (股票期权形式的工资、薪金应纳税所得额÷规定月份数×适用税率−速算扣除数)×规定月份数。上款公式中的规定月份数,是指员工取得来源于中国境内的股票期权形式工资、薪金所得的境内工作期间月份数,长于12个月的,按12个月计算;上款公式中的适用税率和速算扣除数,以股票期权形式的工资、薪金应纳税所得额除以规定月份数后的商数,对照《国家税务总局关于印发〈征收个人所得税若干问题〉的通知》(国税发[1994]089号)所附税率表(即九级超额累进税率表)确定。所以,合理安排跨年度的行权日,避免累计计算应纳税所得额适用高税率,实现个人所得税后利润最大化。

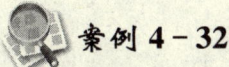案例 4-32

股票期权税收筹划实例

王女士为某上市公司的经理,该公司于2010年7月30日授予王女士20 000股的股票期权,授予价为每股6元。股票期权协议书约定,王女士在工作满1年后购买该公司的股票。王女士在2011年9月30日和2011年11月30日两次行权,两次行权的股数均为10 000股,两次行权的股票市价为20元。

根据《关于个人股票期权所得缴纳个人所得税有关问题的补充通知》(国税函[2006]902号)第七条规定,员工以在一个公历月份中取得的股票期权形式工资、薪金所得为一次。员工在一个纳税年度中多次取得股票期权形式工资、薪金所得的,其在该纳税年度内首次取得股票期权形式的工资、薪金所得应按财税[2005]35号文件第四条第(一)项规定的公式计算应纳税款;本年度内以后每次取得股票期权形式的工资、薪金所得应按以下公式计算应纳税款:应纳税款=(本纳税年度内取得的股票期权形式工资、薪金所得累计应纳税所得额÷规定月份数×适用税率—速算扣除数)×规定月份数—本纳税年度内股票期权形式的工资、薪金所得累计已纳税款。

第一次行权时:

王女士应纳税所得额=(20—6)×10 000=140 000(元)

应纳税额=(140 000÷12×25%—1 005)×12=22 940(元)

第二次行权时:

应纳税额=[(140 000+140 000)÷12×25%—1 005]×12—22 940=35 000(元)

两次行权王女士共纳税=22 940+35 000=57 940(元)

税收筹划后,王女士将行权日筹划为跨年度的两次,即第一次是2011年11月30日,第二次是2012年1月15日。则:

第一次行权时:

$$应纳税所得额=(20-6)\times 10\ 000=140\ 000(元)$$

$$应纳税额=(140\ 000\div 12\times 25\%-1\ 005)\times 12=22\ 940(元)$$

第二次行权时,应纳税额与第一次行权相同。

两次行权共纳税45 880元;节约税额12 060元。

除了跨年分次行权外,由于股价随着证券市场的行情波动,纳税人应该恰当选择行权日期,缩小行权价与股票市价之间的差距,降低税收负担。

(2) 个人因持有某公司的股票、债券而取得的股息、红利所得,税法规定予以征收个人所得税。但为了鼓励企业和个人进行投资和再投资,各国不对企业留存未分配利润征收所得税。企业应鼓励投资者个人将本该领取的股息、红利所得留在企业,作为对公司的再投资,企业则可以将该所得以股票或债券的形式记在投资者个人名下,这种做法可以在避免缴纳个人所得税的情况下,更好地促进企业的发展。

第五章 法大于天——领导如何防范涉税法律风险

一、公司涉税风险

 案例 5-1

宝洁涉税案补税八千万

2002年,广州宝洁从广东某银行获得高达20亿元左右的巨额贷款,然后从中拨出巨资以无息借贷的方式借给关联企业使用。这样做,一方面,可将其所承担的利息支出在税前扣除,少缴纳所得税;另一方面,提供巨额无息贷款给关联企业,也回避了正常借贷产生利息所得税的税负。2003年上半年,广州市国税局依法调增广州宝洁企业应纳税所得额共5.96亿元,补缴企业所得税8 149万元,并对企业作出了处罚。本案中,广州宝洁就是利用关联交易作为避税手段,但是违反了《关联企业间业务往来税务管理规程》,不仅没有达到目的,反而要承担相应的法律责任。

对一个公司而言,纳税作为一种直接的现金支出,是一个"痛苦指数",因为这意味着公司既得利益的减少。为此,有些公司通过各种非法手段偷税或骗税,还有些公司通过所谓的"合理避税"等似乎"合理"的形式,实际上却是不合法的行为,来达到不缴或少缴税的目的。

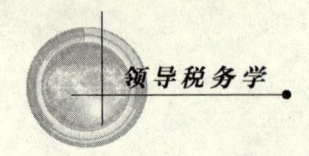

公司的税务风险主要是一种法律风险，没有税务违法也就没有税务风险。纳税行为是与公司的经济行为相伴相生的，经济行为的连续性决定了纳税行为的连续性，潜伏在具有连续性的纳税行为中的税务风险，对公司今后的发展会带来致命的影响。由于税收具有强制性，税务风险具有确定性和累积性等特点，因此，虽然税务风险难以防范与控制，但一旦发生，想要侥幸过关更难。防范与控制税务违法风险应当成为领导者在进行公司风险管理时的重中之重。

（一）公司涉税风险的概念

作为领导者，首先需要把握的是何谓涉税风险。涉税风险其实又可分为国家税收风险与公司税务风险。国家税收风险是由于税法上的缺陷，政策管理上的失误及其他不可预知与无法控制的原因，导致国家税源损失，税收调节功能减弱，财政收入递减，进而影响政府公共职能的行使。而公司税务风险则是公司的涉税行为未能有效遵守或违反税法，从而可能导致公司未来利益的流出。领导者考虑更多的是公司涉税的法律风险。公司税务风险小则可以影响公司自身的生存与发展，大则可以损害国家税收收入的组织，危害税收对经济的宏观调控。值得注意的是，涉税风险导致的利益流出，不仅仅是指经济利益，更可能是无形的，包括品牌、信誉、客户等。

（二）公司涉税法律风险的管理

风险管理从根本上说是经济主体为了自身平稳发展的需要，对各种可能发生的风险进行防范与控制，以期达到以最少的代价取得最大的安全保障。20世纪70年代开始风险管理被广泛应用，由于其具有针对性强、效率高、成本低等特点，在世界范围内得到迅速发展。我国在市场化的进程中，公司的风险意识不断加强，风险管理日益成为公司治理的核心内容之一。但在理论界就税务风险的研究主要集中在国家税收风险的领域，真正立足于公司发展战略的角度去研究税务法律风险的并不多，这种状况与公司风险管理的实际需求不相适应。因此，税务风险管理已成为公司发展战略管理中的一个现实课题,更需要引起领导者的重视并加强管理。

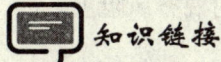知识链接

法人代表对偷税犯罪承担什么法律责任

1. 法人代表是涉税违法行为的直接责任人

偷税行为是法人代表自己做的,公司其他人不知道。那么,法人代表就是偷税犯罪的直接责任人。

2. 法人代表指使别人来做违法事情

该偷税行为是法人代表授意企业的财务总监、会计操作的。某单位老总指使财务经理把当期所获得的营业收入全部挂在往来账上,这种行为属于指使犯罪,是要承担法律责任的。

3. 法人代表不制止单位的偷税行为

法人代表没有参与违法行为,但明知道单位有偷税的行为不制止的,也要承担法律的责任。

二、公司涉税法律风险的来源

治理企业与治病从某种意义上讲是相通的。医生治病,需先知病因,之后才能对症下药,"药到病除"。同样,作为企业的领导者,首先需要了解涉税风险的来源,之后才能掌握控制管理风险的方法。

公司涉税风险主要是一种法律风险,因此没有税务违法就没有税务风险。这看似一个矛盾的命题,却是一种客观现实。从税收法治的角度看,税收违法的责任追究机制是健全的,因此纳税人在明知的情况下实施税收违法行为,其法律后果的产生具有确定性,纳税人对税收违法行为承担法律责任,这是纳税人的违法成本,而不是涉税法律风险。涉税法律风险是未来可能发生的风险,其发生与否、何时发生处于一种不确定状态,因此只有当纳税人不

知道行为违法的情况下,实施了该行为,事后被主管税务机关确认为税收违法,由此产生的法律后果,才是一种税务法律风险。因此税务风险管理不应当定位在公司税务违法行为上,而应当定位在非主观违法的税务风险上。

1. 我国税法体系自身缺陷导致的风险

我国整个税法体系建立在保障国家行政利益的基础之上,对于国家行政权力的保护远大于对纳税人利益的保护。税务机关与纳税人在法律地位上平等,但在权责关系上并不完全对等。税法赋予行政机关过多自由裁量权,从而使纳税人税务风险大大增加。同时,在税法体系建设上,我国还没有建立完善的税法体系,部分税收法规存在重复滞后的一面,缺乏全面统筹,往往导致税收规定与企业实际情况相背离;与此同时,部分税收法规变动太快,使企业及时掌握新政策的难度加大,从而使企业的税务风险不断加大。

2. 税务机关与纳税人信息不对称导致的风险

税务机关对于新政策的出台,往往缺乏提醒相关纳税人予以重视关注的说明,而对于一些具有适用性或比照性的政策往往处于半公开的状态,税务机关对于这些政策的宣传指导力度不够或者偏小,一般仅限于在有限范围内的解释,纳税人很容易忽视相关税收政策或者错误使用税收政策,从而跌入税务陷阱中。因此,税务机关与纳税人之间信息的不对称是增加企业税务风险的重要原因。

3. 企业财务管理水平导致的风险

企业的财务管理水平以及会计核算水平等,都会影响企业相关纳税人员对税额的计算与缴纳。企业可能出现失真的会计信息与财务信息,从而影响涉税资料的真实性与合法性,而据此计算的税额也将失真,进而给企业带来税务风险。

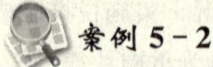

虚增企业税前支出导致的涉税法律风险

某出租设备有限责任公司预提大修理费用,未用于大修理支出,却用于支付与大修理无关的往来款项;以非法购入的运输业发票入账,虚增了购入的固定资产原值及年度折旧金额;将实际上未发生的"工作服款"列入成本;将内容为"牙科诊疗费"的与生产经营毫不相干的发票列入费用。这样,虚增了企业的税前支出,被查处应补企业所得税 90 万元,按规定加收滞纳金,并处以 1 倍罚款。

根据新《企业所得税法》第八条规定,企业实际发生的与取得收入有关的、合理的支出,包括成本、费用、税金、损失和其他支出,准予在计算应纳税所得额时扣除。税法将支出税前扣除的原则概括为以下五个方面,即:相关性原则、合理性原则、权责发生制原则、划分收益性支出和资本性支出原则,以及真实性原则。

企业在支出类项目中常见的涉税问题有:将资本性支出一次性计入成本;收入与成本不配比;免税项目的支出在应税项目的收入中扣除;材料成本结转、人工费用核算不准确;销货退回只冲减收入,不冲减成本;将应由个人或其他纳税人负担的费用、税金在本单位税前列支。

4. 纳税人员专业素质有限导致的风险

企业在日常生产经营过程中,相关办税人员的素质有限,不能完全理解税收政策法规,对有关法律、法规理解不深入、不细致,同时,由于自身素质的限制,不能及时掌握最新的政策变动导向,从而虽然在主观上没有偷漏税的企图,但在实际纳税行为上却违反了税收法律、法规的规定,造成事实上的偷漏税,给企业带来税务风险。

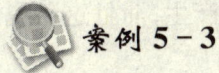 案例 5-3

扣缴义务人必须依法履行代扣代缴义务

由于春节将近,A 企业向员工派发了 120 000 元现金作为福利。其中,以差旅费的名义计入 90 000 元,以误餐补助的名义计入 30 000 元,分别计入经营费用和管理费用。后来,在年度税务检查中,税务机关发现了这一问题,对企业作出限期补缴代扣代缴税款,并处以应补缴税款1倍罚款和2 000元额外罚款的处理。

根据《税收征管法》及其实施细则,扣缴义务人必须依照法律、法规的规定,如实报送代扣代缴(代收代缴)税款报告表和有关资料,履行代扣代缴义务。扣缴义务人未按照规定的期限向税务机关报送代扣代缴(代收代缴)税款报告表和有关资料的,由税务机关责令限期改正,可以处2 000元以下罚款;情节严重的,可以处2 000元以上10 000元以下罚款。扣缴义务人应扣未扣(应收未收)税款的,由税务机关向纳税人追缴税款,对扣缴义务人处应扣未扣(应收未收)税款50%以上3倍以下罚款。

由此可见,遵从税法、学习税法对于降低税收风险非常重要。

---

5. 管理层缺乏依法纳税观念导致的风险

企业管理层应树立依法诚信纳税的意识,某些企业管理者不能真正树立依法诚信纳税意识,不去认真履行纳税人应负的法律义务,存在着以为处理好与税务机关的关系远甚于加强对税收政策的理解与掌握的认识误区。这种靠人情而不是真正依法纳税来解决涉税事宜,反而增大了企业的税务风险。

6. 企业涉税人员专业素质与职业道德导致的风险

专业素质与职业道德会深深影响纳税人员的工作。专业素质指纳税人员对税法的理解与运用能力。由于税法体系的繁杂以及新政策的频繁出台,导致相关纳税人员不能及时准确把握法律、法规的政策精神,可能存在盲目纳税行为,造成企业税务风险的上升。如果纳税人员缺乏职业道德,责任心缺失,如伪造、变造、隐匿记账凭证等,都会导致税务风险的产生,而且这种税务风险是很难控制与应对的,对企业的破坏作用也是极大的。

7. 税收筹划方案选择导致的风险

税务筹划是指在税法规定的范围内,通过对经营、投资、理财等活动的事先筹划和安排,尽可能多地获得节税的税收利益。但是,税务筹划必须在税法规定范围内,如果企业误解这一点,认为筹划就是尽可能少纳税或不纳税,甚至授意或唆使筹划人员通过非法手段达到所谓"节税"的目的,这样实质上是一种偷税行为,会给企业带来很大的税务风险。

 案例 5-4

以非法手段"节税"导致的涉税法律风险

S市春风食品有限公司,成立于2002年2月,主要经营饼干、食品等批发及零售,该公司与S市副食品采购供应站(注册地在S市某区)为两个牌子、两个法定代表人、一套人马。该公司以其出纳员陆颖的名义在S市交通银行开立了一个银行卡账号,卡上发生了大量存、取款业务,与企业账面记录的经营情况存在很大出入,可能存在账外经营、隐瞒收入等问题。

S市春风食品有限公司故意与S市副食品采购供应站共用库房存放商品、共用出库单办理商品出库,给税务征管、稽查工作增加难度;采取收付业务不按规定记账、另设私人银行户头存取的手段隐瞒销售收入,进行偷税。

根据出库单统计,该公司于2006年9月至2009年9月出库商品数额合计为60 594 041.10元。但法定代表人提出,出库数额中含有S市副食品采购供应站出库部分。经核实,S市副食品采购供应站确实与S市春风食品有限公司共用一个库房,货物出库时开具相同样式的商品出库单。检查人员要求公司从出库金额中划分出本公司出库部分。该代表人又称,货物出库距今时间太久,无法划分。

为了摸清公司进销货物的真实情况,取得公司实施涉税违法行为的有力证据,检查人员分两组对该公司进货情况进行外调。一组与公安人员一道南下G省调查取证,在G省税务机关的全力配合下,从G省所属企业取得了被查公司进货发票等证据资料;另一组分别从安徽、上海等地取得了被查公司进货发票等证据资料。经统计,该公司在2006年4月至2009年9月期间自G省进货36 777 045.72元;在2006年12月至2008年6月期间自安徽、上海等地进货3 924 416.36元。综合以上,该公司于2006年4月至2008年11月期间,从上述三地共计进货 40 701 462.08 元。

依据《中华人民共和国税收征收管理法》第三十五条及《中华人民共和国税收征收管理法实施细则》第四十七条第二款的规定,税务检查人员对该公司应纳税额进行了核定,以(税务局掌握的公司实际进货额－公司实际库存商品余额)×(1＋公司成本利润率)推算出公司 2003—2005 年销售收入,核定公司应补交应纳增值税额 2 101 319.87 元;依据《中华人民共和国税收征收管理法》第三十二条规定,对其课征滞纳金;依据《中华人民共和国税收征收管理法》第六十三条第一款规定,对其拒不提供纳税资料、少缴应纳税款的行为定性为偷税,处偷税金额 1 倍罚款。由于该公司 2008 年度偷税数额超过 1 万元且偷税比例达到 96.38%,税务机关依据《中华人民共和国税收征收管理法》第七十七条第一款规定,将其移交公安机关。

三、防范涉税法律风险的"妙方"

领导作为企业的管理者与核心,在防范公司涉税法律风险中责任重大。我们知道,主观故意的税收违法行为是具有可控性的,而真正的税务风险则具有不可控制的性质,尤其是税收法律制度本身所存在的制度缺陷或征管体制所导致的税务风险,从纳税人的角度看是难以控制的,因此税务违法风险应当成为公司风险管理的重点。而要有效地防范与控制公司因税务违法而产生的法律风险,则需要公司管理层多方协调与配合,这是公司发展战略中的系统工程。本节拟提出下列"妙方",以便领导或经理能更好地防范涉税风险。

(一) 税务稽查风险防范

税务稽查是税收征收管理工作的重要步骤和环节,是税务机关代表国家依法对纳税人的纳税情况进行检查监督的一种形式。税务稽查的依据是具有法律效力的各种税收法律、法规及各种政策规定。具体包括日常稽查、专项稽查和专案稽查。

伴随着企业税务风险的客观存在,税务稽查在所难免。其实,税务稽查在多数情况下履行的是年度性或季度性巡回检查,属于一种常规性检查,并没有明确的针对性。由群众举报或者发现问题而进行的有针对性的稽查只是极少数。所以,即使税务稽查说要来检查,也不必有什么特殊的准备或举动。

1. 税务稽查人员的接待方法

(1)事前预告稽查的接待。由税务机关事前预告日期的税务稽查,最好是如约接受,如果在时间安排上有问题,要向税务机关的有关负责人说明其原因,变更其检查日期。

如果确因临时有事未必都要按预定的时间接待检查,变更一两次时间也不足为怪,但若频繁变更时间会让税务机关产生对方有意回避检查,甚至在最后关头逃避检查的疑虑和担忧。

对于纳税人来说,在检查之初,和税务稽查人员保持愉快的沟通,才是技高一筹的做法。在相互沟通和交流中,才能创造与稽查人员之间相互依赖、相互尊敬的关系,从而使税务稽查顺利进行。因此,税务稽查之初的沟通具有双重意义:一方面建立相互信赖的关系,使税务稽查顺利开展,不浪费时间;另一方面不让税务稽查人员产生怀疑,给后面的检查提供方便。

(2)突击税务稽查的接待。税务机关的无预告检查,在进入检查之前就已经决定了要检查的重点。如果检查了1天,什么不正常的情况都没有发现,其后多数情况下检查不会再持续。所以,接受突击税务稽查,应该有理有礼有节地对待税务稽查人员,避免和税务稽查人员出现正面冲突。

(3)强行税务稽查的接待。税务稽查局有专门强制稽查的部门,如果他们来了,都带有裁判命令书,这种稽查无须纳税人的同意。但是稽查局强制稽查部门并非随意进入任何一个单位,一般都是逃税额相当高,并且有严重逃税行为才对其强行检查。这时作为经理,求助税务代理已经不起什么作用,最好直接去找辩护律师,通过法律手段解决问题。

(4)尽量以温和的态度接待税务稽查人员。税务稽查人员一般也是怀着

善意来检查的,纳税人应该善意对待。稽查人员也知道履行检查会给纳税人增加许多麻烦,很多时候他们会一边干着工作一边解释说:"这是作为公务员应尽的义务而已。"况且,税务稽查人员掌握若干合法的、让纳税人很难对付的方法。比如,如果纳税人不配合税务人员的正面调查,他就要去作反面调查。

所谓反面调查,是指为了确认被稽查企业交易状况是否如实申报,稽查人员给那个被稽查企业的交易对象打电话,或者亲自去访问,多数情况是秘密进行调查。这种调查如果规模较大,对被稽查企业的信誉会有相当的损害,有时会引起企业的反感或上诉。

(5)正确对待不同类型的税务稽查人员。对于不同类型的税务稽查人员,要采取不同的方式和态度来对待。比如,纳税人要尊重女性税务稽查人员。在税务稽查时,女性税务稽查人员表现得相当细致严格。女性并不像男性那样喜欢模棱两可。往往男性税务稽查人员不注意的地方,女性税务稽查人员能很清楚地调查出来。另外,女性税务稽查人员自尊心也很强,在柔和的外表下面,隐藏着一颗争强好胜的心。所以,对于女性税务稽查人员要更加认真接待为好。又如,一些素质低下的税务稽查人员,在税务稽查中可能会非常无礼,有时无端的怒吼。为了惩戒这样的税务稽查人员,可以向税务机关的领导提出抗议。提抗议不必特别申诉,只要给税务机关打个电话就可以了。你只要给税务机关领导人打电话说:"贵处的税务检查人员在这里怒吼呢,你们希望检查人员以这样的态度检查吗?"当然,在打电话时,一定要把自己公司的名字和检查人员的名字告诉他。像税务局这样的国家机关,对于纳税人的呼声有一种超出纳税人预想不到的效果,从纳税人那里打来电话提出抗议,税务机关肯定会采取相应的处理措施。

(6)不要怕税务稽查人员发怒。对于税务稽查人员来说,税务稽查是表现自己工作成绩的时候。查处纳税违法行为是其基本职责。实际上,纳税人受到税务稽查,并不表明你就有偷逃税行为。在尽可能的范围内(不影响业务的范围内)给予协作,把想说的事情清楚地说出来,不能接受的事情应该和检查人员商谈,而不要害怕税务稽查人员发怒。现实税务稽查中,对于"逃税"、"偷税"的认识,企业的想法和税法不一致。因此,在多数情况下如果税务稽查人员不要求的话,纳税人就不必详尽说明相关纳税事宜。

对于税务稽查人员来说,公司的不正常之处,不是他们愤怒的对象,而是高兴的对象。所以,个别税务稽查人员让你看到的怒吼,那只不过是在演戏,只不过是为了尽快结束自己工作的手段而已。所以在稽查人员怒吼的时候,你没有必要害怕,而要坦然地想想自己有没有违反税法的不正当行为。如果在纳税方面没有什么过错的情况下,你倒不如心平气和地说:"你应该用这样态度对待纳税人吗?"明确地表示自己的不满,这也许是最好的应对方式。

(7)聘请的税务代理最好在场。如果纳税人聘请了税务代理,那么,在税务稽查时,最好税务代理在场。有税务代理在场的情况下,会更为安全一些。税务代理的能力或气概,对于税务检查都有一定的影响力。税务稽查人员由国家赋予权利,而税务代理没有这种权利,但在接受税务稽查时,主要靠他们的知识和能力来应对检查。

2. 实施税收自救措施

处理好税务稽查的接待问题后,企业要重视税收自救措施。往往,税务稽查一般都会涉及纳税风险问题,很多企业因为税务稽查使自己陷入风险的泥潭中难以自拔。有位企业家说过这样一句话:面对危机,重要的是坚持和自救。有时,纳税人所面对的严厉的税务稽查,不啻为一种严重的危机。因此企业应该学会自救,唯有自救才能真正摆脱纳税风险。

(1)理解税务稽查的意图。面对税务稽查,纳税人最重要的是理解税务稽查的意图。如果税务稽查人员已经入驻,而纳税人还不明白此次税务稽查的主要意图,则很可能措手不及,甚至因小失大,出现难以规避的财税风险。

税务稽查根据检查的目的不同,一般分为以下三种情况:日常检查、专项检查和专案检查。

日常检查是指税务机关对税收管辖范围内的纳税人履行纳税义务情况进行的常规检查,是税务稽查部门的主要日常工作。一般来说,日常检查就是履行公务,没有确定的或实质性的目的。纳税人对此可以事务性地应对,一般日常检查没有什么大的纳税风险。

专项检查是指税务机关按照上级税务机关的统一部署或下达的任务对辖区范围内的特定行业或特定的纳税人、特定的税务事宜所进行的专门检查。如增值税专用发票检查、个人所得税检查、房地产行业检查等。一般来说，纳税人只要满足专项检查的范围，总会受到检查，而专项检查一般也没有多大风险。但如果纳税人出现一些违规操作，也会面临一定的风险。

专案检查是指税务机关依照税收法律、法规及有关规定，以立案形式对纳税人履行纳税义务情况所进行的调查处理。专案检查一般针对较为严重的税务违法行为，重点突出。如果纳税人被税务稽查部门进行专案检查，一般都会存在较为重大的违法事件，可能涉及较大的纳税风险。

(2) 争取时间，开展自查。税务稽查对于纳税人来说，意味着风险和责任。纳税人面对税务稽查降低风险的重要自救措施之一是争取时间，开展自查。争取时间，开展自查一般能够控制或化解一部分纳税风险。

案例5-5

争取时间开展自查，化解纳税风险

北京一家电子生产商，面对突如其来的税务稽查，不但老总懵了，连财务总监也懵了，公司上下全都慌了手脚。可能公司存在纳税漏洞，税务机关已经掌握相关线索，怎么办，如何应对？最后还是财务总监拿出了自救措施，让老总和财务部门不要慌忙，先有办公室公关人员端水倒茶热情款待税务稽查人员。然后尽量争取时间，告诉税务稽查人员财务总监临时不在公司，等财务总监回来具体汇报工作。其实，财务总监就在公司，财务部立即召开紧急会议，财务总监让财务部每个会计人员马上汇报属于自己分管的工作，看是否存在吃不准的疑难问题，以及账务处理是否存在差错，全面开展自查工作。遇到一个疑难问题就马上解决，这样一来，不到两个小时就把自身存在的纳税问题摸清了，该处理的问题即刻就处理，做到知己知彼，心中有数。此时，财务总监才带领财务部的人员开始接受税务稽查人员的检查。最后的结果是,税务稽查人员进行了两天的检查,只查出了几个涉税小问题,而企业却真正化解了一次重大的纳税风险。

(3) 完善手续,补充资料。税务稽查中纳税人要做到税务自救,还需要完善手续,补充资料。税收在一定意义上讲也很重视形式。有时形式的东西也会影响到内容。在纳税问题上,如果不能够做到内容与形式的吻合,就会存在较大的涉税风险。

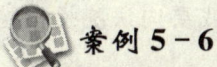案例 5-6

通过完善合同实施税收自救措施

南方一家连锁超市在华南地区有多家分店,为了实现统一物流配送,该连锁超市的配送中心移送给各分店的商品均按照进价的九五折确认收入。税务稽查过程中,税务稽查人员注意到了这一问题,认为凡是商品移送,必须视同销售行为,且该连锁超市的配送价格还违背了转让定价原则。其实该连锁超市之所以采用九五折配送,原因在于从各供应商处采购商品均有返利。对于该纳税问题应该如何补救呢?

此问题的补救办法是通过完善合同进行合理性解释说明。处理思路如下:为了说明配送价格问题,该连锁超市与其各处分店分别签订一份合同——代销商品合同。合同中约定:具体结算价格按照供应商实际供货价格,若供应商有折扣或返利的,则也按供应商折扣后的价格结算。在合同中,约定委托代销的一揽子协议条款,包括其分店协助该连锁超市为客户服务、举办促销活动等。这样该连锁超市配送给各分店的销售模式就转变为委托代销,可以在收到代销清单时缴税,不仅合理解释了配送价格,而且合理递延了税款。

(4) 行使权利,维护权益。在税务稽查中,纳税人可以利用所拥有的权利,维护自身合法权益。

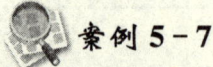

对税务稽查越权可以明确予以拒绝

在对某医疗单位进行税务稽查时,正在审查账簿的稽查人员看到该单位法人代表的夫人提着手提包匆忙外出,就请夫人打开提包看,于是从手提包中看到了银行存折和印章,又从这些存折和印章发展到银行调查,最后发现逃税证据,这是从私人物品开始发觉逃税的一个典型案例。

在对私人物件调查时,该法人代表愤怒地大声喊道:"我要向法院提出控告!"那么,对个人物品到底能不能进行检查呢?

法律上并没有赋予税务稽查人员搜查的权利,在一般情况下是不能强制检查个人物品的,必须得到个人的允许。税务稽查人员请夫人自己把提包打开,就清楚地表达了他的意思。也就是说,即使得到了对方的同意,也应该由夫人自己动手打开提包。如果夫人认为这是私人物品,和调查没有关系,也可以明确地予以拒绝。

纳税人根据税法所规定的原则,对于税务稽查的质问虽然有回答的义务,但是,行使税务稽查权时,如果导致纳税人的交易活动停止,使其失去交易对象或银行对其的信任,或者使其私生活受到严重损害,即可认为税务稽查越权了。

(5) 税企沟通,争取主动。中华民族历来重视人际交往,深谙交往之道,在市场经济中的企业也是如此。企业应该与税务机关保持良好的接触,营造良好的税企关系。如果能够保持良好的税企关系,企业就能够最大限度地利用税法提供的灵活性合理降低税负和纳税风险,并且能够得到税务机关的认可。如果税企关系处理不好,就会被税务机关作为反避税的重点或稽查对象。

同时,纳税人和税务稽查人员交往,应该做到不亢不卑,并且争取主动。

在税务稽查中要多向税务部门反映本企业的实际情况及困难之处,多与稽查人员沟通,多对相关问题作出有利的解释,争取纳税和稽查问题处理方面的主动。

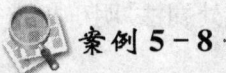 **案例 5-8**

纳税人不要轻易写检讨书

在税务稽查人员进行检查时,如果发现纳税人有违反税法的行为,有时税务稽查人员要求纳税人写检讨书。但这类检讨书,如果可能的话还是不写为好。因为在写检讨书时,往往有这样的话:"今后要本分经营,希望尽量给予适当的处分。"这样的检讨书,会给人一种现在的处分过轻了的感觉。但是,即使写了检讨书,税务机关对你的处分也不会减轻。不仅如此,在检讨书写完以后,有关处分的一切不同意见就不好说了。政府让纳税人写检讨书,大体上是基于这样的心理,让你在写完以后不要再提什么不满意见。在税务稽查过程中,税务稽查人员如果有什么不当之处,可以申请复议或向法院起诉,如果你写了检讨书,申请复议或提出上诉,也变得困难起来了。

3. 税务稽查结论的分析

在合理接待税务稽查人员以及及时进行税收自救后,对税务稽查结论的分析也相当重要。在市场经济环境下,纳税人与税务机关之间发生税务纠纷是经常的事情。当纳税人面临税务稽查的处罚结果时,应该如何处理?其实,关键是分析税务稽查后税务部门所下达的处罚意见,找出应对策略与技巧。

(1) 分析援引法律条文的准确性、完整性。税务稽查人员在填制税务文书时,有的只引用省级或市级颁发的规范性文件,作为执法依据;有的没有具体文号、名称或随意省略;有的税务文书的格式部分不符合相关法律、法规的规定等,这些问题都有可能成为纳税人维护自身权益的依据。

(2) 当事人申辩笔录是否缺乏。稽查执法中,应当把当事人的书面陈述、申辩陈述整理在案。当事人有陈述申辩材料的,应当整理归档;口头陈述申辩的,应当制作陈述申辩笔录,并由当事人签字或盖章;当事人放弃陈述或者申辩权利的,也应制作申辩笔录,并填写"当事人无陈述、申辩意见"字样,并由当事人签字或盖章后存档。因为《中华人民共和国行政处罚法》明确规定:"拒绝听取当事人的陈述、申辩,行政处罚决定不能成立。"

(3) 是否按法定程序告知当事人法律救济途径。有的税务稽查人员在实施行政处罚前,不按规定程序告知当事人陈述申辩权、听证权、复议权、诉讼权;有的把《税务行政处罚事项告知书》和《税务行政处罚决定书》同时下达;还有的未等当事人提出听证申请的法定期限届满,就发出《税务行政处理决定书》等,所有这些不符合法律程序的行政处罚,按《中华人民共和国行政处罚法》的规定都是无效的。

(4) 支持税务处理结论的证据是否充足。支持税务处理结论的证据不足主要表现在认定违法事实的主要证据不足。一是有些起主要证据作用的税务稽查底稿无纳税人签字,起不到证据作用;二是所取主要证据不足以支持税务处理结论。

(5) 税务文书的送达是否存在问题。有的处罚决定送达回证上没有当事人签字,即使有,也大多为企业会计,还有的没有签收时间等。按照《中华人民共和国行政处罚法》的规定,实施行政处罚时,不仅要告知当事人违法的事实、证据及处罚依据等,还应告知其陈述、申辩、听证、复议、起诉的期限和途径等。而文书送达必须有送达回证、挂号信回执、登报的报样等,以此证明当事人收到有关文书,或证明有关文书送达当事人,如果当事人没有委托社会中介组织进行代理,则应直接送达企业法定代表人或负责收件人。

(6) 是否制作出示执法稽查证件笔录。在实施执法稽查的过程中,不少稽查人员出示执法稽查证件后,忽略制作笔录,这样被稽查人如果对此提起诉讼,税务机关可能因执法程序违法而败诉。所以,要证实税务稽查人员在稽查时出示了执法证件及取证过程合法有效,一定要制作包括稽查时间、地点、证件出示情况、稽查方法等内容的稽查笔录,由当事人签字后存入稽查案卷。

(7) 处罚决定是否缺章漏项。一份稽查处罚决定,必须载明查结的具体违法事实、证据、性质及处罚的具体依据,缺一不可。

(8) 表述是否有误。送达企业的税务文书往往使用第三人称"该单位"进行表述,应改为第二人称"你单位"进行有针对性的陈述;有的处罚决定书对罚款限定的缴款时间,往往是某年某月某日前到某地缴纳,这与《中华人民共和国行政处罚法》的规定,当事人应当收到处罚决定书之日起15日内,到指定的银行缴纳罚款的表述不相吻合。

(9) 处罚是否失当。偷税处罚失当最常见的是按定额进行处罚,这与《中华人民共和国税收征收管理法》规定的"处不缴或少缴税款0.5倍以上,5倍以下罚款"的规定是不符合的。

4. 税务稽查纠纷的解决

在税务稽查活动中,一旦出现税务稽查纠纷,作为经常受制于税务机关的纳税人的头脑要冷静,最好坐下来认真分析一下产生税务稽查纠纷的原因与主要分歧,紧紧围绕税收法规思考和处理税务稽查纠纷。对于税务稽查人员态度恶劣、粗鲁,欺人太甚都应该提出抗议,根据国家公务员法向有关部门提出抗议是完全可以的。纳税者自己的权利应由纳税者自己来保护。

1) 分析税务稽查纠纷的方法与技巧

(1) 分析检查人员有没有越权。《中华人民共和国税收征收管理法》赋予税务稽查人员六项权利,但纳税人要留意在税务稽查过程中稽查人员是否越权,如果越权可能会形成执法不当,纳税人完全可以不予理睬。税务稽查人员主要拥有以下六项权利:① 查账权。② 场地检查权。③ 责成提供资料权。④ 询问权。⑤ 在交通要道和邮电企业的查证权。⑥ 查核存款账户权。

(2) 分析税务稽查人员掌握的证据是否充分。事实上,有些税务稽查人员在查处税收违法案件过程中往往捕风捉影、牵强附会、生拉硬扯,强行定案。诸如此类的问题,在目前的税务案件中,所占的比例还不小,保守点估计,至少要占税务稽查案件的30%以上。可以这样说,取证不足,是目前基层税务稽查工作的通病,许多税务稽查人员的工作底稿取证明显不足,财务逻辑性不强。此外,对有关事实尚未查清就定案的也屡见不鲜。因此,一旦发生税务稽查纠纷,纳税人完全可以利用稽查环节的这些弱点,进行还击,依法维护自身的合法权益。

(3)分析税务稽查人员的执法程序是否合法。

税收执法和其他法律部门一样,在具体的执法过程中,要讲究程序,一旦程序错误,即使其他方面没有问题,最终的案件认定也不能成立。因此纳税人要利用有关法律的这一规定,以维护自身的正当权益。分析税务稽查人员的执法程序是否合法可从以下几个方面着手:

① 税务登记环节。纳税人没有按照税法的规定办理税务登记、建账建制、保管税务机关要求保管的账册凭证、向税务机关报送其要求报送的资料的,税务机关应先实施教育程序,限期改正,如果限期不改,才可以给予处罚。

② 纳税申报期限。企业是否超出纳税期限仍未纳税,如果尚未纳税,但未超出纳税期限的不能予以处罚。

③ 税务检查环节。税收保全、税收强制执行等环节,税务机关的做法是否正确,有无强制征收、强行处理的情况。

④ 税收执法程序。税务机关有没有违反执法程序要求的做法。

(4)分析税务稽查纠纷问题的性质。在处理税务稽查纠纷过程中,对于每一个纳税人而言,有一个问题必须认真加以研究,即对所涉及的税务稽查纠纷问题的性质的界定,是属于偷税还是过失(核算错误);是属于违法还是犯罪。因为纳税人偷税与纳税人由于核算错误而造成的过失,在法律上所要承担的法律责任是不一样的,一旦被确认为犯罪,情况将更糟。所以,纳税人必须认真辨识自身所存在的问题是属于偷税还是属于过失。

2)掌握税务稽查纠纷问题的实质

(1)利用知情权了解有关情况。《中华人民共和国行政处罚法》第三十一条规定,行政机关在作出行政处罚决定之前,应当告知当事人作出处罚决定的事实、理由及依据,并告知当事人依法享有的权利。《税务案件调查取证与处罚决定分开制度实施办法》第四条规定,税务机关的调查机构对税务案件进行调查取证后,对依法应当给予税务行政处罚的,应及时提出处罚建议,制作《税务行政处罚事项告知书》，并送达当事人。这就是说当税务机关对纳税人实施检查并对有关问题进行违法认定及处罚决定之前，纳税人对作出决定的事实、理由和依据有事先知悉的权利。

纳税人在掌握有关违法行为的事实、理由和依据之后，就可以采取相应的措施维护自己的合法权益。纳税人了解税务案件的查处情况以后，如果发现事实不符，证据不足，依据不充分以及理由不当等损害自身合法权益的现象存在，就可以向税务稽查人员及时提出，建议其纠正或调整。在一定的条件下，自己出面或是请代理人与税务机关进行交涉，如要求听证等。

(2) 分析具体情况，切准问题实质。如果纳税人与税务稽查人员的具体交涉失败，双方不能取得一致意见，纳税人可以进一步用好自己的听证权和申辩权，把问题搞个水落石出。纳税人参与有关税务稽查人员违章问题的处理的有效途径之一，就是利用听证权与税务机关面对面的交换意见，尽可能的运用法律武器保护自己的合法权益。

《中华人民共和国行政处罚法》第四十条规定：行政机关作出较大数额罚款之前，应当告知当事人依法享有听证的权利。也就是在税务行政处罚决定未正式作出之前，给当事人一个申辩的机会。即在听证会上，纳税人有申辩的权利、质证的权利、最后陈述的权利，以及申请对有关证据重新核实的权利。如果纳税人申辩的事实、理由和证据，税务机关复核后认为成立的，将对原拟定的税务行政处罚意见进行变更。

正确使用听证权利，有利于保护纳税人的合法权益，也利于税务机关作出正确的行政处罚。但是在实践中纳税人申请要求听证的寥寥无几，几乎放弃了听证权。《中华人民共和国行政处罚法》第四十一条规定：行政机关拒绝听取当事人的陈述、申辩的税务行政处罚决定是不能成立的。第四十二条规定：当事人不承担行政机关组织听证费用。第三十二条又规定：行政机关不得因当事人申辩而加重处罚。由此可见，不花钱又可行，为自己多挣得一次维护自己权益的机会何乐而不为呢？当然纳税人在进行听证的时候也要注意几个问题：

① 注意把握听证的标准。税务机关是讲究工作效率的，只有达到一定的

听证标准,税务机关才允许进行听证。

②注意把握听证的期限。纳税人在接到税务机关送达的《税务行政处罚告知书》后,如果对税务机关已查明的违法事实、证据、行政处罚的法律依据和拟将给予的行政处罚有疑问或不明的,须在3日内书面向税务机关申请听证。当事人应当按期参加听证,无正当理由不参加的,视为放弃听证权利。逾期不提出的,纳税人就丧失了这种权利。当然,纳税人由于不可抗力或者其他特殊情况而耽误提出听证期限的,在障碍消除后5日以内,可申请延长期限。

③要注意一定的手续。纳税人可以亲自参加听证,也可以委托代理人听证。委托代理人参加听证的,应向其代理人出具代理委托书。代理委托书应当注明有关事项,并经税务机关或者听证主持人审核确认。此外,纳税人如果认为听证主持人与案件有直接利害关系的,有权申请听证主持人回避。

④抓住重点,突出问题。听证过程中,纳税人或代理人应先仔细听取案件稽查人员就纳税的违法行为予以指控的内容、事实、证据材料以及行政处罚建议,然后就所指控的事实及相关问题充分发表自己的意见,进行申辩和质证。

⑤依法维护自己的合法权利。听证过程中,纳税人应接受听证主持人的询问,如实回答主持人提出的问题,并对自己出示的证据的合法性、真实性进行辩论。辩论终结时,纳税人具有最后陈述意见的权利。从程序上说,纳税人须服从税务机关的税务处理决定。如对处理决定不服的,可以在接到税务处理决定书之日起60日内向上一级税务机关或者法定复议机关申请复议,也可直接向人民法院起诉。

(二)利用税务行政复议维护企业合法权益

税务行政复议是指纳税人对税务机关的税务行政行为不服,依法向上级税务机关提出申诉,请求上一级税务机关对原具体行政行为的合理合法性作出审议,复议机关依法对原行政行为的合理合法性作出裁决的行政司法活动。

1. 税务行政复议的受理范围与形式

1) 受理范围

(1) 税务机关作出的征税行为。征税行为包括确认纳税主体、征税对象、征税范围、减税、免税、退税、抵扣税款、适用税率、计税依据、纳税环节、纳税期限、纳税地点和税款征收方式等具体行政行为,以及征收税款、加收滞纳金,扣缴义务人、受税务机关委托的单位和个人作出的代扣代缴、代收代缴、代征行为等。

(2) 行政许可、行政审批行为。

(3) 发票管理行为,包括发售、收缴、代开发票等。

(4) 税收保全措施、强制执行措施。

(5) 行政处罚行为:① 罚款。② 没收财物和违法所得。③ 停止出口退税权。

(6) 不依法履行下列职责的行为:① 颁发税务登记。② 开具、出具完税凭证、外出经营活动税收管理证明。③ 行政赔偿。④ 行政奖励。⑤ 其他不依法履行职责的行为。

(7) 资格认定行为。

(8) 不依法确认纳税担保行为。

(9) 政府信息公开工作中的具体行政行为。

(10) 纳税信用等级评定行为。

(11) 通知出入境管理机关阻止出境行为。

(12) 其他具体行政行为。

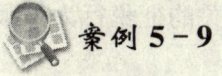

案例 5-9

税务行政复议申请的受理

2011 年 8 月 15 日,北京某地方税务所接到群众举报,称其辖区某商场开业至今已经 3 个月,但是没有缴纳任何税款。经查,该商场于 2011 年 4 月 8 日办理了营业执照,4 月 10 日正式投产,没有办理税务登记,至税务机关检查

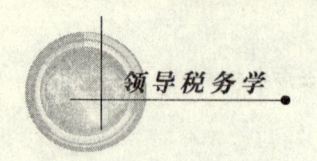

时止,该商场共销售货物达80万元,但是没有申报纳税,根据检查情况,税务所于7月18日作出如下处理决定:① 责令该商场于7月25日前办理税务登记,并处以500元罚款。② 按规定补缴税款、加收滞纳金,并对未缴税款在《税收征管法》规定的处罚范围内,处以6 000元罚款。同月,税务所在法定期限内按照法定程序作出了"税务处理决定书"和"税务行政处罚决定书",同时下发"限期缴纳税款通知书",要求该商场限期缴纳税款和罚款。

商场认为本商场刚开业,资金十分紧张,申请税务所核减税款和罚款,被税务所拒绝。该商场老板见申请被拒绝,就试图转移财产以逃避税款,被税务机关发现,经县税务局局长批准,对该商场采取了保全措施,扣押查封了该商场部分货物。于是,该商场在多次找税务所交涉没有结果的情况下,于8月15日书面向税务所的上级机关即县税务局提出行政复议申请:要求撤销税务所对其作出的处理决定,并要求税务所赔偿因扣押服装给其造成的经济损失。

分析:本案中,该税务局对补缴税款和加收滞纳金的复议申请不予受理,因为其没有依照税务机关根据法律、行政法规确定的税额缴清税款及滞纳金;对税务机关作出的处罚行政行为及扣押查封商品的税收保全措施的复议申请应予受理。

2) 税务行政复议的形式

税务行政复议形式一般分为必经复议和选择复议。

必经复议形式。按照税收法律、法规的规定,纳税人及其有关当事人对税务机关作出的具体行政行为和抽象行政行为不服,必须先通过复议,对复议决定不服,才能向人民法院提出行政诉讼。如对税务机关的征税行为不服的复议属于必经复议。

选择复议形式。纳税人及其有关当事人对税务机关作出具体行政行为和抽象行为不服,可以自由选择行政复议方式或向人民法院提起行政诉讼。

在税务争议案件中,对除税务机关作出的征税行为以外的其他具体行政行为和抽象行政行为不服的,均可采用选择复议方式。

2. 税务行政复议的基本程序

(1) 在法定期限内向拥有管辖权的复议机关提出税收行政复议申请。

① 法定期限。申请人对税务机关作出的征税行政行为不服,必须先依照税务机关的纳税决定缴纳或者解缴税款和滞纳金或者提供相应的担保,然后可以依法申请行政复议。申请人可以在得知税务机关作出具体行政行为之日起 60 日内提出。

② 申请形式。可以书面,也可以口头。口头申请的,复议机关应当当场记录申请人的基本情况、行政复议请求、申请行政复议的主要事实、理由和时间。口头申请的笔录与复议申请书具有同等效力。

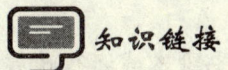知识链接

行政复议书面申请所需的内容

行政复议的书面申请应包括如下内容:

(1) 申请人的姓名、性别、年龄、住址。属于法人企业、单位或组织,只能由法定代表人签字。

(2) 复议申请人的工商、税务登记有关情况(包括经济性质和经营范围)。

(3) 被申请人名称、地址。

(4) 申请复议的要求和理由。

(5) 是否已经执行原税务行政决定,具体执行数额和日期,并附有关证明材料。

(6) 提出复议申请的日期,申请人签名或盖章。

(2) 复议机关对复议申请的审核,并在法定期限内对复议申请作出是否受理的决定。

① 复议申请的审核。属于必经复议的范围的,申请人在提出复议申请前,须先按照税务机关根据法律、法规确定的税额、期限缴纳或者解缴税款和

滞纳金;属于选择复议的,申请人未向法院提出行政诉讼的。

② 复议申请的受理。如果不符合上述条件之一的不予受理。对于复议机关不予受理的复议裁决,申请人不服,只能就不予受理裁决本身向人民法院起诉,不能对争议的实体问题也连带起诉。

复议机关必须在收到行政复议申请后 5 日内进行审查,对不符合规定的行政复议申请,决定不予受理,并书面告知申请人;对符合规定,但是不属于本机关受理的行政复议申请,应该告知申请人向有关行政机关提出申请。对符合规定的行政复议申请,自复议机构收到之日起即为受理;受理行政复议申请,应书面告知申请人。

③ 行政复议机关免费受理复议。

(3) 复议机关对复议案件进行审理。

① 复议机关应自受理之日起 7 日内,将行政复议申请书副本或者行政复议申请笔录复印件发送被申请人。被申请人应当自收到申请书副本或者申请笔录复印件之日起 10 日内,提出书面答复,并提交当初作出具体行政行为的证据、依据和其他有关材料。否则视该具体行政行为没有证据、依据和其他材料而被撤销。

② 行政复议决定作出之前,申请人要求撤回行政复议申请的,经说明理由,可以撤回;一旦撤回,行政复议即告终止,申请人不得以同一事实再次向复议机关提出复议申请。

③ 复议审理的法定期限为复议机关自受理申请之日起 60 日,若遇情况复杂,经机关负责人批准,可以适当延长,并告知申请人和被申请人,但延长期限最多不超过 30 日。

④ 复议审理的中止。对于纳税人在申请对具体行政行为复议时一并提出对有关规定进行审查的,复议机关对该规定无权审查的,应当在 7 日内按照法定程序转送有权处理的行政机关依法处理。复议机关在对被申请人作出的具体行政行为进行审查时,认为其依据不合理,复议机关无权处理的,应当在 7 日内按照法定程序转送有权处理的国家机关依法处理。处理期间,中止对具体行政行为的审查。

(4) 复议决定。

① 维护原行政行为。具体行政行为认定事实清楚,证据确凿,适用依据正确,程序合法,内容适当的,决定予以维持。

② 责令被申请人履行义务。

③ 撤销、变更或者确认该具体行政行为违法。有下列情形之一的,决定撤销、变更或者确认该具体行政行为违法:事实不清、证据不足的(包括被申请人未能在法定期限内向复议机关提交答辩书和当初作出具体行政行为的证据、依据和其他材料);适用依据错误的;违反法定程序的;超越或者滥用职权的;具体行政行为明显不当的。

(三) 利用税务行政诉讼维护企业合法权益

税务行政诉讼指纳税人、扣缴义务人、纳税担保人、直接责任人或与具体税收征收管理行为有直接利害关系的其他当事人,认为税务机关及其税务人员对其作出具体税收征收管理行为违法或不当并侵害了其合法权益而依法向人民法院提起诉讼,由人民法院对具体税务行政行为的合法性和适当性进行审理并作出裁决的司法制度。

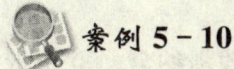
案例 5 - 10

税务处罚及税务行政诉讼程序必须依法进行

某基层税务所于 2009 年 7 月 15 日接到群众举报:该辖区内的某服装生产企业开业已达两个月但没有缴纳任何税款,于是该税务所派出稽查人员张某和王某对该企业进行税务检查,在出示检查证和送达税务检查通知书后,张某和王某对该企业进行了检查,经查发现,该服装生产企业 5 月 8 日办理了营业执照,5 月 10 日正式投产,但是没有办理税务登记。并且查明,该服装生产企业共生产销售服装金额达 15 万元,但是没有申报纳税,根据检查情况,税务所作出了如下的处罚决定:

(1) 限该服装生产企业于 7 月 25 日前办理税务登记,并处以 1 000 元

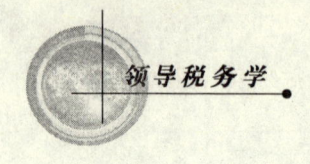

罚款。

(2) 补缴税款1.4万元及从滞纳税款之日起按日加收滞纳金,并处未缴税款2倍的罚款。

2009年7月19日,税务所向该企业送达《税务处罚事项告知书》,7月21日税务所按照上述处理意见作出了《税务处理决定书》和《税务行政处罚决定书》,同时下发《限期缴纳税款通知书》,限该企业于2009年7月28日前缴纳税款和罚款,并于当天将两份文书送达给了服装厂。该企业补缴有关税款及罚款后,于7月25日向人民法院提起行政诉讼,法院受理后于7月27日将起诉状副本送达税务所,税务所接到起诉状副本后,派稽查人员作了进一步的调查取证,取得了充分的证据以后,于2009年8月10日向法院递交了答辩状。

分析:从实体法的角度而言,本案中,该税务机关的处罚是正确的,但是该税务机关却违反了税务处罚及税务行政诉讼的程序:① 税务机关不能在作出具体的行政行为之后再搜集证据,这样的证据不能作为认定被诉具体行政行为合法的根据;② 答辩状应该自收到起诉状副本之日起10日内递交。

1. 税务行政诉讼的受案范围

(1) 税务机关作出的征税行为:① 征收税款。② 加收滞纳金。③ 审批减免税和出口退税。④ 税务机关委托扣缴义务人作出的代扣代收税款行为。

(2) 税务机关作出的责令纳税人提交纳税保证金或者纳税担保行为。

(3) 税务机关作出的行政处罚行为:① 罚款;② 吊销税务登记证、责令停产停业;③ 没收违法所得;④ 停止出口退税权。

(4) 税务机关作出的通知出境管理机关阻止出境行为。

(5) 税务机关作出的税收保全措施。

(6) 税务机关作出的税收强制执行措施。

(7) 认为符合法定条件申请税务机关颁发税务登记证、外销证、发售发票,税务机关拒绝颁发或发售或不予答复的行为。

(8) 税务机关的复议行为：① 复议机关改变原具体行政行为；② 期限界满,税务机关不予答复。

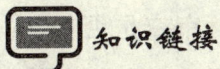知识链接

被告承担举证责任

被告承担举证责任是我国行政诉讼法的一项基本原则。按照我国行政诉讼法的规定,可以作为庭审证据的包括书证、物证、视听资料、证人证言、当事人陈述、鉴定结论、勘验笔录和现场笔录。

被告承担举证责任的原则,并不排斥原告和法院的举证。原告有权向法院提供有利于自己的证据,如原告提出行政侵权赔偿请求时,必须提供损失事实、具体行政行为安排与损害事实之间因果关系的证据,承担举证责任。同时,法院认为有必要时,也可以自行调取证据。当然,法院不能包揽被告的举证责任。

2. 税务行政诉讼的程序

1) 起诉

(1) 纳税人、扣缴义务人等税务管理相对人在提起税务行政诉讼时,必须符合下列条件：① 原告是认为具体税务行政行为侵犯其合法权益的公民、法人或其他经济组织；② 有明确的被告；③ 有具体的诉讼请求和事实、法律根据；④ 属于人民法院的受案范围和受诉人民法院管辖。

(2) 起诉状的内容：① 原告是公民的,要写明姓名、性别、年龄、民族、籍贯、职务、职业、工作单位和住址；原告是单位的,要写明单位名称和称号、地址、法定代表人的姓名、性别、年龄、职务。② 如果委托代理人代理提起行政诉讼的,要写明代理人的姓名、性别、年龄、民族、职务、职业、工作单位、住址。③ 被告税务机关的名称、地址、法定代表人的姓名、职务。④ 具体的诉讼请求和事实与理由。⑤ 是否已经税务机关复议,复议决定的内容以及接到复议

决定的年、月、日。⑥ 原告人签名和盖章。⑦ 提起行政诉讼的年、月、日。

2) 受理

原告起诉,经人民法院审查,认为符合起诉条件并立案审理的行为,称为受理。对当事人的起诉,人民法院一般从以下几方面进行审查是否受理:① 审查是否属于法定的诉讼受案范围;② 审查是否具备法定的起诉条件;③ 审查是否已经受理或者正在受理;④ 审查是否有管辖权;⑤ 审查是否符合法定的期限;⑥ 审查是否经过必经的复议程序。

人民法院接到原告的起诉状后,经过审查,应当在 7 日内作出立案或者作出裁定不予受理。原告对不予受理的裁定不服的,可以提起上诉。

3) 审理

人民法院审理行政案件实行合议、回避、公开审判和两审终审制。审理的核心是审查被诉的具体行政行为是否合法,即作出该行为的税务机关是否依法享有该税务行政管理权;该行为是否依据一定的事实和法律作出;税务机关作出该行为是否遵照必备的程序等。人民法院经过法庭调查和法庭辩论等,由合议庭评议,并在评议的基础上依法作出判决。

4) 判决

(1) 维持判决。适用于税务机关的具体行政行为证据确凿,适用法律、法规正确,符合法定程序的案件。

(2) 撤销判决。适用于被诉的具体行政行为主要证据不足,适用法律、法规错误,违反法定程序,或者超越职权,滥用职权,人民法院应判决撤销或部分撤销,同时可判决税务机关重新作出具体行政行为。

(3) 履行判决。适用于税务机关不履行或拖延履行法定职责的,判决其在一定期限内履行。

(4) 变更判决。适用于税务行政处罚有失公正,人民法院应判决受理。

对一审人民法院的判决不服,当事人均有权自判决书送达之日起 15 日内向上一级人民法院提起上诉,逾期不上诉的一审判决即发生法律效力,当事人必须执行,否则人民法院有权依对方当事人的申请给予强制执行。

3. 税务行政赔偿

1) 税务行政赔偿的概念

税务行政赔偿是指税务机关作为履行国家赔偿义务的机关,对本机关及其工作人员的行政违法行为给纳税人和其他税务当事人的合法权益造成的损害,代表国家予以赔偿的制度。由于国家为赔偿主体,赔偿的费用要由国家负担,但国家本身却无法履行赔偿义务,必须由国家机关代表国家履行赔偿义务。由于国家机关部门众多,不可能确定由一个机关代表国家履行赔偿义务,而只能按照谁侵权谁代表国家进行赔偿的原则确定履行国家赔偿义务的机关。

2) 行政赔偿的构成要素

(1) 税务机关及其工作人员的职务违法行为。这是构成税务行政赔偿的责任的核心,也是税务行政赔偿责任的存在前提,如果税务机关及其工作人员合法行使职权,对纳税人和其他税务管理当事人合法权益造成损害的,可以给予税务行政补偿,而不存在赔偿问题。

(2) 存在对纳税人和其他税务管理当事人合法权益造成损害的事实。这是构成税务行政赔偿责任的必备条件。如果税务机关及其工作人员违法行使职权没有侵犯纳税人和其他税务管理当事人的权益或者侵犯的是非法利益,均不发生税务行政赔偿。这里的损害事实指的是实际发生的损害,对尚未发生的损害,税务机关没有赔偿义务。

(3) 税务机关及其工作人员的行政行为与现实发生的损害事实存在因果关系。如果税务机关及其工作人员在行使职务时虽有违法行为,纳税人员和其他税务管理当事人合法权益也受到损害,但是这种损害不是税务机关及其工作人员的职务违法行为引起的,税务机关没有赔偿义务。

3) 税务行政赔偿的请求人

(1) 受害的纳税人和其他税务管理当事人。

(2) 受害公民的继承人、其他有抚养关系的亲属。当受害公民死亡后,其权利由上述人继承。

(3) 承受原法人或其他组织的法人或其他组织。当受害法人或其他组织终止后,其权利由其承受者继承。

4) 赔偿义务机关

(1) 一般情况下,哪个税务机关及其工作人员在行使职权过程中侵害了公民、法人和其他组织的合法权益,该税务机关就是履行赔偿义务的机关。如果两个以上税务机关或其工作人员共同违法行使职权,侵害了纳税人和其他税务管理当事人的合法权益的,则共同行使职权的税务机关均为赔偿义务机关,赔偿请求人有权对其任何一个提出赔偿要求。

(2) 经过上级税务机关行政复议的,最初造成侵权的税务机关为赔偿义务机关,但上级税务机关的复议决定加重损害的,则上级税务机关对加重损害部分履行赔偿义务。

(3) 应当履行赔偿义务的税务机关被撤销的,继续行使其职权的税务机关是赔偿义务机关;没有继续行使其职权的,撤销该赔偿义务的行政机关为赔偿义务机关。

5) 税务行政赔偿的请求时效

税务行政赔偿的时效为2年。自税务机关及其工作人员行使职权时的行为被依法确认为违法之日起计算。如果税务行政赔偿请求人在赔偿请求时效的最后6个月内,因不可抗力或其他障碍不能行使请求权的,时效中止。从中止时效的原因消除之日起,赔偿请求时效期间继续计算。

6) 取得税务行政赔偿的特别保障

赔偿请求人要求国家赔偿的,赔偿义务机关、复议机关和人民法院不得向赔偿请求人收取任何费用。对赔偿请求人取得的赔偿金不予征税。

4. 税务行政赔偿的程序

1) 税务行政赔偿非诉讼程序

(1) 赔偿请求的提出。税务赔偿请求人应根据国家赔偿法规定先向负有履行赔偿义务的税务机关提出赔偿要求。这是税务行政赔偿的必须程序。税务赔偿请求人要求赔偿的项数,可以是一项,也可以是数项。在共同税务行政行为中,赔偿请求人有权向其中任何一个赔偿义务机关要求赔偿,该赔偿义务机关应当依法予以全部赔偿,然后依程序确认各自的责任大小,而不仅是赔偿自己致害的那一部分。这是因为受害人所受损害是税务机关共同税务侵权行为造成的,他们对赔偿义务负有无限连带责任。如果税务行政赔偿请求人在要求税务行政赔偿的同时,还要求上级税务复议机关或人民法院确认致害的职务行为违法或者要求撤销该行为,则也可以在申请税务行政复议或者提起税务行政诉讼时,一并提出税务行政赔偿要求。

(2) 行政赔偿请求的形式。税务行政赔偿的请求人应依据国家赔偿法递交申请书,申请书应当载明下列事项:① 受害人的姓名、性别、年龄、工作单位和住所,法人或者其他组织的名称、住所和法定代表人或主要负责人的姓名、职务;② 具体的要求、事实根据和理由;③ 申请的年、月、日。

如果税务行政赔偿请求人书写申请书确有困难,可以委托他人代写,也可以口头申请,由赔偿义务机关记入笔录。

(3) 对税务行政赔偿请求的处理。税务行政赔偿请求人在法定期限内提出赔偿请求后,负有赔偿义务的税务机关应当自收到申请之日起 2 个月内依照法定的赔偿方式和计算标准给予赔偿,逾期不赔偿或赔偿请求人对赔偿数额有异议的,赔偿请求人可以在期间届满之日起 3 个月内向人民法院提出诉讼。

2) 税务行政赔偿诉讼程序

当税务机关逾期不予赔偿或者税务行政赔偿请求人对赔偿数额有异议时,税务行政赔偿请求人可以向人民法院提起诉讼,这时就进入了税务行政赔偿诉讼程序。税务行政赔偿诉讼与税务行政赔偿非诉讼程序中规定的可以在提起税务行政诉讼的同时,一并提起税务行政赔偿请求的具体做法有所不同:

(1) 在提起税务行政诉讼时一并提出赔偿请求无须经过先行处理,而税务行政赔偿诉讼的提起必须以税务机关的先行处理为条件。

(2) 依据行政诉讼规定,税务行政诉讼不适用调解,而税务行政赔偿诉讼可以进行调解。因为税务行政赔偿诉讼的核心是税务行政赔偿请求人的人身权、财产权受到的损害是否应当赔偿,应当赔偿多少,权利是有自由处分的性质,存在调解的基础。

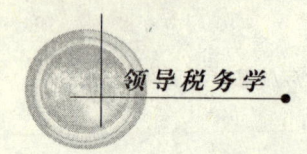

(3) 依据行政诉讼法规定,在税务行政诉讼中,被告即税务机关承担举证责任,而税务行政赔偿诉讼中,损害事实部分举证责任不可能由税务机关承担,也不应由税务机关承担。

3) 税务行政追偿制度

税务行政追偿制度是指违法行政职权给纳税人和其他税务管理当事人合法权益造成损害的、税务机关的工作人员主观有过错,如故意和重大过失,税务机关赔偿其造成的损害之后,再追究税务工作人员责任的制度。它解决的是税务机关与其工作人员之间的关系。规定追偿制度是为了促使行政机关工作人员恪尽职守,防止其滥用职权。另外,对有故意或者重大过失的工作人员,应当依法给予行政处分;构成犯罪的,应当依法追究刑事责任。

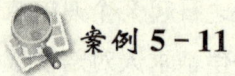 案例 5-11

代征员违法 税务局赔偿①

2008年3月18日,某县国税局聘用的代征员张辉和孙志强,在县商品交易会上代征税款时,与叫卖领带的夏传华发生冲突。夏传华自称是江苏省某市的私营企业老板,是江苏省某市的固定纳税企业。当代征员要求查看其外出经营证明时,夏传华却拿不出任何外出经营证明材料。张辉和孙志强要求夏传华就地缴纳税款,夏传华不肯缴纳。张辉和孙志强在没有办理任何手续的情况下强行扣押了夏传华的两箱领带。3天后,当夏传华卖完其余领带,到税务局准备缴纳税款并要回扣押的两箱领带时,张辉告诉夏传华:"前天夜里,存放领带的饭店被盗,两箱领带也被窃贼偷走了!"夏传华当即将情况向县国税局领导进行了反映,并要求税务局赔偿其损失。当时,县国税局领导说要向上级请示后再说。几天后,当夏传华再次来到县国税局交涉赔偿时,县国税局却以税收代征员张辉和孙志强已被辞退为由,拒绝赔偿丢失的两箱

---

① http://www.plry.com/taxlawyer/ShowArticle.asp?ArticleID=1241。

领带。于是,夏传华将县国税局告上了法庭。

2008年5月9日,县法院依法判决县国税局赔偿夏传华5 466元,作为两箱领带的销售收入。请分析县法院的判决是否合理?

解析:首先,根据《税收征管法》第三十七条、《税收征管法实施细则》第二十一条和第五十七条的规定,从事生产、经营的纳税人到外县(市)临时从事生产经营活动的,应当持税务登记证副本和所在地税务机关填开的外出经营活动税收管理证明,向营业地税务机关报验登记,接受税务管理;未向营业地税务机关报验登记的纳税人,作为"未按照规定办理税务登记的从事生产、经营的纳税人"处理,即由税务机关核定应纳税额,责令缴纳;不缴纳的,税务机关可以扣押其价值相当于应纳税款的商品、货物。但是,《税收征管法》第四十七条和《税收征管法实施细则》第六十三条规定,税务机关在采取扣押、查封商品、货物或者其他财产等措施时,必须由两名以上税务人员执行,而且在扣押商品、货物或其他财产时,还必须向纳税人开具收据。因此,该县国税机关在外来纳税人未办理任何手续和未进行报验登记的情况下,有权对纳税人进行核定应纳税款;在纳税人拒绝纳税的情况下,也有权扣押他们的商品。但是,采取扣押纳税人商品的措施不能由税收代征员来执行。而且,在扣押纳税人的商品时,未向纳税人开具收据,违反了法律规定的必要程序。因此,该县国税机关对纳税人采取的税收保全措施是违法的。

其次,根据《税收征管法》第二十九条和《税收征管法实施细则》第四十四条的规定,除税务机关、税务人员以及经税务机关依照法律、行政法规委托的单位和人员外,任何单位和个人不得进行税款征收活动。由此可以确定,只有税务机关才依法享有征税权,依法征收税款是税务机关的法定权力和义务。受税务机关的委托代征税款的单位和个人,仍要以税务机关的名义依法征收税款。因此,税收代征员的征税行为代表的是税务机关而不是其个人。根据《中华人民共和国国家赔偿法》(以下简称《国家赔偿法》)第二条和第四条的规定,国家机关和国家机关工作人员违法对财产采取查封、扣押、冻结等行政强制措施侵犯公民、法人和其他组织财产权的,受害人有取得赔偿的权利。《国家赔偿法》第七条第四款规定:"受行政机关委托的组织或者个人在行使受委托的行政权力时侵犯公民、法人和其他组织的合法权益造成损害的,委托的行政机关为赔偿义务机关。"

因此,税收代征员违法行使税收保全措施,并致使纳税人的财产遭受损失的,税务机关应当是法定的赔偿义务机关,不能因为税收代征员被辞退而不承担赔偿义务。

另外,根据《国家赔偿法》第二十五条第二款和第二十八条第四项的规定,行政机关违法行使行政权力对公民、法人和其他组织的财产权造成的损害,能够返还财产或者恢复原状的,应当返还财产或者恢复原状;应当返还的财产灭失的,应当给付相应的赔偿金。因此,法院判决县国税局赔偿夏传华是合理、合法的。

(四)应对税务机关反避税的风险防范

随着我国经济的持续高速发展,越来越多的企业走出国门,走向世界,跨国公司日益增多。同时,伴随着跨国公司产生的国际避税现象也越来越普遍。近年来,自2008年《企业所得税法》颁布以来,新一轮的税制改革逐渐拉开帷幕,国家和税务机关加强开展反避税工作,出台了一些专门针对反避税的法律规定。在这种背景下,经理学习防范税务机关反避税调查、加强企业避税风险防范日趋重要。

1. 转让定价的税务风险防范

利用转让定价减少应纳税款的行为属于避税行为,即纳税人使用与税法立法意图相悖的非违法形式来达到自己的目的,一般是利用税法的漏洞、特例或是其他不足等,因此避税不具有政府倡导性。随着相关反避税法规的制定与实施,如果企业再贸然进行原先的转让定价行为,势必会遭到税务机关的严厉处罚,使企业面临严重的税务风险。针对转让定价风险,企业可实施如下策略进行防范:

(1) 避免成为税务机关转让定价调查的重点对象是最优策略。税务机关不可能对所有企业的转让定价行为启动转让定价调查,所以对企业来讲,转让定价风险管理的最优策略就是避免成为税务机关转让定价调查的重点对象。

税务机关的审计调查行为要受其控制的资源影响。我国在《特别纳税调整实施办法(试行)》[①]中也明确规定,转让定价调查应重点选择以下企业:关联交易数额较大或类型较多的企业;长期亏损、微利或跳跃性盈利的企业;低于同行业利润水平的企业;利润水平与其所承担的功能风险明显不相匹配的企业;与避税港关联方发生业务往来的企业;未按规定进行关联申报或准备同期文档资料的企业;其他明显违背独立交易原则的企业。所以,在不影响正常经营的前提下,企业应尽量减少容易导致上述高风险的交易。

(2) 进行预约定价。企业进行预约定价能够消除不确定性,使一些税收不确定事项能够确定下来,在财务报表中得以确定,无需进行估计。预约定价可以大大减轻企业保留原始凭证、文件资料的负担,还可以避免没完没了的诉讼程序。在双边或者多边预约定价中还可以避免双重征税。有些企业会经常面临转让定价调查,这时向税务机关申请预约定价是非常有必要的。

在选择预约定价协议适用范围时,应注意选择那些风险比较大、企业采用的转让定价方法为非传统交易法或者企业面临特定的经营环境或经营战略,涉及无形资产等复杂的交易,难以寻找可比对象时进行预约定价,以降低被税务机关进行转让定价调整的可能性。

(3) 由避税转向税务筹划。首先,避税的空间随着消费税法等法规的完善会逐渐缩小,低层次的避税操作显得更加困难;其次,企业跟政府之间应建立良好的和谐关系,企业应站在更高的层次去进行税收筹划,去配合和顺应税收政策的引导。

2. 资本弱化风险的防范策略

(1) 积极与所属税务机关沟通,充分利用独立交易原则降低税务成本。2008年9月19日发布的《财政部 国家税务总局关于企业关联方利息支出税前扣除标准有关税收政策问题的通知》中,除对安全港规则有具体的表述

---

① 关于印发《特别纳税调整实施办法(试行)》的通知(《国税发[2009]2号》),2009年1月8日。

外，还对于独立交易原则有一定的表述，规定："企业如果能够按照税法及其实施条例的有关规定提供相应资料，并证明相关交易活动符合独立交易原则的，或者该企业的实际税负不高于境内关联方的，其实际支付给境内关联方的利息支出在计算应纳税所得额时准予扣除。"公司应充分利用该规则，积极提供资料，加强与税务机关的沟通，充分阐述自身独立法人机构的运营方式、定价（利率确定）受到严格监控的现实状况，证明集团企业取得贷款的条件和税前扣除金额与银行记载的信息完全一致，符合独立交易原则。这将从根本上解决安全港规则带来的冲击。

（2）积极调整集团内企业的资本结构，并合理确定企业的融资方式。合理的资本结构及融资方式不仅有利于降低企业税务成本，更有利于企业的生存和发展。集团企业应对从财务公司贷款、由总公司或财务公司担保从银行贷款、从集团内其他单位接受委托贷款等不同融资方式进行合理选择和分配，对非财务公司股东的集团企业可向上追溯母公司股东份额，确定税前融资额度。这也是推动企业发展和降低税务成本的重要内容。

3. 价外费用的税务风险防范

国家政府关于价外费用的处理方法已有较为详细的规定，且征管技术日益提高，要防范该类税务风险，最好的办法便是学习掌握正确的价外费用处理方法。

价外费用核算应注意的问题：

第一，应合理、准确判断哪些费用属于价外费用，哪些不属于价外费用，这是进行纳税申报与会计核算的前提。下列项目不包括在价外费用内：① 向购货方收取的销项税额；② 受托加工应征消费税的货物，由受托方向委托方所代收代缴的消费税；③ 同时符合以下两个条件的代垫运费：承运部门的运输发票开具给购货方的；纳税人将该发票转交给购货方的。除去上述三项符合条件的不包括在价外费用项目中以外，其余无论会计上如何处理，均应并入销售额计算销项税额。特别提醒的是，不属于价外费用中的代垫运费，应按照上述规定进行操作，否则，要按价外费用纳税。

第二，应注意平销行为返还不是价外费用，而是因购买货物而从销售方取得的各种形式的返还资金,按含税收入直接计算冲减返还资金当期的进项税额。

第三,应注意增值税纳税义务发生的具体时间。对于随同产品销售时收取的价外费用,应在随同产品销售收入确认时一并确认,计算销项税额。对于当期不确认,需要视以后情况而定的价外费用,应当在实际收到款项或实际纳税义务发生时予以确认,计算销项税额。

第四,应注意价外费用核算的特殊性。根据会计制度规定,价外费用应在"其他业务收入"、"营业外收入"等科目核算,在计税工作中,应从有关会计科目中归集价外费用,计算申报纳税。

第五,价外费用增值税专用发票的开具。根据《国家税务总局关于增值税专用发票使用问题的通知》第五条规定:销售货物或应税劳务收取价外费用(指增值税额以外的价外收费)者,如果价格与价外费用需要分别填写,可以在专用发票的"单价"栏填写价、费合计数,另附价外费用项目表交与购货方。但如果价外费用属于按规定不征收增值税的代收代缴的消费税,则该项合计数中不应包括此项价外费用,此项价外费用应另行开具普通发票。价外费用项目表应填写购销双方的单位名称、收取价外费用的商品或劳务的名称、计量单位、数量、价外费用的项目名称、单位收费标准以及价外费用金额(单位费用标准乘以数量),并加盖销售方的财务专用章或发票专用章。购货方应索取价外费用项目表一式两份,分别附在发票联和抵扣联之后。企业可根据这一规定开票结算。

案例 5-12

价外费用应并入销售额计算应纳税额

某生产果酒企业为增值税一般纳税人,月销售收入为 70.2 万元(含税),当期发出包装物收取押金为 2.34 万元,当期逾期未归还包装物押金为 1.17 万元。该企业本期应申报的销项税额为 10.54 万元[(70.2+2.34)÷(1+17%)×17%]。

凡随同销售货物或者提供应税劳务向购买方收取的价外费用,无论其会计制度如何核算,均应并入销售额计算应纳税额。税法规定各种性质的价外费用都要并入销售额计算征税,目的是防止企业以各种名目的收费减少销售额逃避纳税。但是应当注意,对增值税一般纳税人(包括纳税人自己或代其他部门)向购买方收取的价外费用和逾期包装物押金,应视为含税收入,在征税时换算成不含税收入再并入销售额计税。

四、不能踩的红线——税收法律责任分析

案例 5-13

企业终止经营应及时注销税务登记

王某曾设立一家公司,实行核定征收方式,每个月应纳税额 1 800 元,于 2008 年 2 月倒闭,当月注销了工商营业执照,却忘记了注销税务登记。两年后,王某打算开设新店,到税务机关办理税务登记时,被告知欠税 76 360 元。然而,王某在中间两年并没做生意,怎么会产生欠税呢?

根据《税收征管法实施细则》第十五条规定,纳税人在向原工商行政管理机关申请办理注销登记之前,应持有关证件向原税务机关申报办理注销税务登记。如果不办理注销税务登记,税务机关可以依《税收征管法实施细则》第九十条的规定,责令其限期改正,并处相应的罚款。纳税人在办理注销登记前,要缴销发票、税务登记证件和其他税务证件,结清应纳税款、滞纳金和罚款等。

王某先前的公司由于没有及时注销税务登记,仍然需要每个月按核定的税额纳税,两年多累计欠税 57 600 元,累计拖欠滞纳金 18 760 元,欠税合计数是 76 360 元。

因此,企业终止经营后,切莫忘记及时注销税务登记,否则不但纳税人个人利益受损,还会带来严重的法律后果。

所谓税收法律责任,是指税收法律关系的主体因违反税收法律规范所应

承担的法律后果。对法律责任的规定历来是一个法律文件的重要组成部分。《税收征管法》对各种违反税法的行为所应当承担的法律责任作出了明确具体的规定,使之成为国家税收法制建设的重要组成部分。

作为企业领导,尤其要重视税收法律责任,尽量远离这条不能碰的红线。

(一) 违反税收征收管理的行为及行政责任

1. 纳税人违反税务登记、账簿、凭证管理的法律责任

(1) 纳税人未按照规定的期限申报办理税务登记、变更登记或者注销登记的,未按照规定设置、保管账簿或者保管记账凭证和有关资料的,未按照规定将财务、会计制度或者财务、会计处理办法和会计核算软件报送税务机关备查的,未按照规定将其全部银行账号向税务机关报告的,未按照规定安装、使用税控装置,或者损毁、擅自改动税控装置的,由税务机关责令限期改正。同时,税务机关可以对违法行为人处 2 000 元以下的罚款,情节严重的,处 2 000 元以上 1 万元以下的罚款。

(2) 纳税人不办理税务登记的,由税务机关责令限期改正,即要求不办理税务登记的纳税人在税务机关限定的期限内办理税务登记。纳税人逾期不改正的,经税务机关提请,由工商行政管理机关吊销其营业执照,取消其从事生产、经营活动的资格。

(3) 纳税人未按照规定使用税务登记证件,或者转借、涂改、损毁、买卖、伪造税务登记证件的,处 2 000 元以上 1 万元以下的罚款,情节严重的,处 1 万元以上 5 万元以下的罚款。

2. 扣缴义务人违反账簿、凭证管理的行政责任

扣缴义务人有违反账簿、凭证管理规定行为的,由税务机关责令限期改正,扣缴义务人应当根据税务机关责令的限期改正决定,在限定的时间内,设置代扣代缴、代收代缴税款账簿,按照要求保管代扣代缴、代收代缴税款账簿、记账凭证及有关资料。同时,税务机关可以对违法行为人处 2 000 元以下的罚款,情节严重的,处 2 000 元以上 5 000 元以下的罚款。

3. 纳税人、扣缴义务人未按照规定期限办理纳税申报、报送有关资料的法律责任

纳税人未按照规定的期限办理纳税申报和报送纳税资料,扣缴义务人未按照规定的期限向税务机关报送代扣代缴、代收代缴税款报告表和有关资料,但并未造成不缴或者少缴税款的后果的,由税务机关责令限期改正,纳税人、扣缴义务人应当按照税务机关的要求,在限定的时间内办理纳税申报、报送扣缴税款报告表和有关资料。同时税务机关可以对违法行为人处 2 000 元以下的罚款;情节严重的,可以处 2 000 元以上 1 万元以下的罚款。

纳税人在规定的申报期限内未进行纳税申报,超过税款缴纳期限,不缴或者少缴税款的,由税务机关追缴其不缴或者少缴的税款、滞纳金,以纠正违法行为人的违法行为,保证国家税收不受损失。同时,由税务机关对违法行为人并处不缴或者少缴的税款 50% 以上 5 倍以下的罚款。

(二)妨害税款征收的行为及行政责任

1. 偷税行为的行政责任

所谓偷税是指行为人采取隐秘手段,蒙蔽税务机关,不缴或者少缴应纳税款的行为。偷税行为包括三种:一是通过伪造、变造、隐匿、擅自销毁账簿、记账凭证等手段,不缴或者少缴应纳税款的行为。二是通过在账簿上多列支出或者不列、少列收入,不缴或者少缴应纳税款的行为。三是经税务机关通知而拒不申报或者进行虚假的纳税申报,不缴或者少缴应纳税款的行为。偷税行为人一般为纳税人,但是,扣缴义务人采取伪造、变造、隐匿、擅自销毁账簿、记账凭证,或者在账簿上多列支出或者不列、少列收入,或者经税务机关通知而拒不申报或者进行虚假的纳税申报等手段,不缴或者少缴已扣、已收税款的,也是一种偷税行为。

对纳税人、扣缴义务人偷税的,首先由税务机关追缴其不缴或者少缴的税款、滞纳金,纠正偷税人的违法行为,保证国家税收不受损失。同时,应当由税务机关对其处以不缴或者少缴的税款50%以上5倍以下的罚款。

2. 逃避追缴欠税行为的行政责任

逃避追缴欠税是指纳税义务人在欠缴应纳税款的情况下，采取转移或者隐匿财产的手段，以对抗税务机关的追缴，逃避国家税收的行为。逃避追缴欠税的行为应当是欠缴税款的纳税人的故意行为，纳税人在欠缴税款的情况下，因正当的交易活动而向他人支付价款或者转移财产的行为，不属于转移或者隐匿财产，妨碍税务机关追缴欠缴的税款的行为。

纳税人欠缴应纳税款，采取转移或者隐匿财产的手段，妨碍税务机关追缴欠缴的税款的，首先应由税务机关追缴欠缴的税款、滞纳金，以纠正违法行为人的违法行为，保证国家税收不受损失。同时，应当由税务机关对其处以不缴或者少缴的税款50%以上5倍以下的罚款。

3. 骗取出口退税行为的行政责任

骗取出口退税是指企事业单位和个人采取假报商品出口等手段，骗取国家出口退税款的行为。骗取国家出口退税的违法行为具有以下三种情况：生产、经营出口产品的企事业单位，在出口退税申报中多报已纳税额骗取退税款；生产、经营内销产品的企事业单位通过假报出口办法骗取退税款；不从事生产、经营的单位和个人采取伪造票证等手段骗取退税款等。可见，骗取出口退税的行为具有以下特征：一是违法行为人不限于纳税人，而是包括所有实施欺骗手段，骗取出口退税款的人。二是行为人在主观上具有骗取出口退税款的故意。三是违法行为人实施了以假报出口或者其他欺骗手段，骗取国家出口退税款的行为。

以假报出口或者其他欺骗手段，骗取国家退税款的，首先由税务机关追缴违法行为人骗取的退税款，以纠正其违法行为，并由税务机关对其处以骗取税款1倍以上5倍以下的罚款。税务机关可以在规定期间内停止为其办理出口退税，暂时剥夺其享有的出口退税的权利。

4. 抗税行为的行政责任

所谓抗税，是指负有纳税义务的人以暴力、威胁等方法，拒不缴纳税款的行为。抗税行为的主体必须是欠缴税款的纳税人、扣缴义务人个人，除此之外的其他人对税务人员实施暴力、威胁行为的不是抗税行为,而应当以妨害公务行为论处。纳税人为单位的,因单位不能实施暴力、威胁行为,也不能成为抗税行为的主体。如果单位的人员以暴力、威胁方法拒不缴纳税款,也应当以妨害公务行为论处。抗税行为必须是行为人的故意行为,行为人对税务人员实施暴力,或者对税务人员进行威胁,是为了达到不缴纳税款的目的。

以暴力、威胁方法拒不缴纳税款,情节轻微,尚未构成犯罪的,由税务机关追缴其拒缴的税款、滞纳金,并处拒缴税款 1 倍以上 5 倍以下的罚款。对抗税行为的罚款下限为拒缴税款 1 倍以上,比偷税行为的处罚更为严厉。

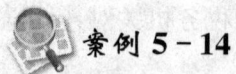

案例 5-14

广州穗南房产公司抗税 10 年欠税 1 亿

穗南房地产发展有限公司(下称"穗南房地产公司")是一家由内地和中国香港企业合作经营的房地产公司,注册资本为 3 200 万美元,投资总额 9 600 万美元,全部资金由港方投入,开发项目为广州知名商业广场"荔湾广场"。

2002 年至 2004 年期间,穗南房地产公司以各种方式偷逃税款过千万元,涉嫌构成偷税罪被移送公安机关处理。

此后,该公司屡查屡犯,通过各种借口和手段敷衍、拖延入库,甚至阻挠、对抗税务机关追缴欠税,给地税部门执法造成极大的阻力和干扰。该企业的税收违法行为主要有经税务机关通知申报而拒不申报,少缴税款;对出租和出售商铺取得的租赁收入未足额申报缴纳营业税和堤围防护费等。从 1998 年至 2008 年的 10 年间,穗南房地产公司累计拖欠税款达 1 亿多元,成为广州史上最大的外资欠税企业。

(三)阻挠税务检查的行为及行政责任

纳税人、扣缴义务人逃避、拒绝或者以其他方式阻挠税务机关检查的,首先由税务机关责令改正,即由税务机关作出责令改正决定书,要求违法行为人停止违法行为,纠正错误。同时税务机关可以对违法行为人处以1万元以下的罚款,情节严重的,可以处1万元以上5万元以下的罚款。这里所说的情节严重,指的是纳税人、扣缴义务人多次逃避、拒绝或者以其他方式阻挠税务机关依法进行税务检查,或者纳税人、扣缴义务人阻挠税务机关进行税务检查,未使用暴力、威胁手段,但方式比较激烈,以致造成严重后果等。

(四)非法印制发票行为人的行政责任

对违反规定,非法印制发票的,应当追究其行政责任:① 由税务机关销毁非法印制的发票,没收违法所得和作案工具。② 对非法印制发票的单位或者个人并处1万元以上5万元以下的罚款。

案例 5-15

对非法印刷发票犯罪分子应坚决予以打击

滕某大学毕业后,曾在广西某印刷厂工作,掌握一定的印刷技术,20 世纪 90 年代中自己开过小型印刷厂,后因经营不善倒闭。滕某为了牟取非法利益,于 2007 年起购置各种印刷设备在南宁市郊设点非法印制发票。

邓某和刘某两人均为广西岑溪市人,邓某在电脑制版公司打工,而刘某一直在小印刷厂打工。两人为牟取非法利益,利用业余时间,发挥自己的"特长",一个为滕某非法制造假发票提供技术"支持",一个为滕某销售非法制造的假发票。而李某生于 1978 年,一直无业,为能快速"致富",其不仅为滕某销售非法制造的假发票还自己购置了电脑,打印机等设备自己非法制造假发票。

2009 年 9 月 16 日,南宁市公安局向媒体通报了广西迄今最大印制非法制造假发票案件的侦破情况。当场缴获各类空白非法制造假发票 180 611 份,税控机假发票 6 330 份,共计缴获假发票 186 941 份,可填开最大金额约 60.2 亿多元,涉税金额 5 801.6 万多元,假公章 76 枚、电脑等其他作案工具一大批。

目前,犯罪嫌疑人滕居海、邓宇雁、李晓、刘伟明已被执行逮捕,蒋冬娥、蔺汝丽被取保候审。案件的侦破沉重打击了制售假发票犯罪分子的嚣张气焰,获得了显著的社会效果。

（五）银行及其他金融机构未能协税的行政责任

纳税人、扣缴义务人的开户银行或者其他金融机构拒绝接受税务机关依法检查纳税人、扣缴义务人存款账户,或者拒绝执行税务机关作出的冻结存款或者扣缴税款的决定,或者在接到税务机关的书面通知后帮助纳税人、扣缴义务人转移存款,造成税款流失的,由税务机关处10万元以上50万元以下的罚款,对直接负责的主管人员和其他直接责任人员处1 000元以上1万元以下的罚款。

第六章 从战术到战略——领导如何开展纳税规划

一、培养纳税意识

在美国纽约,有位女士家里养的一只猫爬到房顶上去,自己下不来了。情急中,她打电话向警察局求助。警察特意跑来,搬梯子上房,帮她把猫救了下来。有人奇怪地问她:"为什么警察可以管这种事?"她不假思索地反问道:"为什么不可以?他们花的是我们纳税人的钱!"

美国人这句意料之外、情理之中的幽默话,使我们想到了纳税人和政府之间的关系。从某种意义上说,在市场经济下,政府实质上是一个特殊的产业部门——提供公共物品和服务。正如人们到商店买东西需要为之付款一样,政府提供的公共物品和服务也不是"免费的午餐"。纳税人为消费公共物品和服务的付款,是以纳税的方式来完成的。因此,对于生活在现代社会的纳税人,既要依法履行好纳税的义务,又要充分享受公共物品和服务的权利。这两个方面的有机结合与统一,便是人们通常所说的纳税意识。

报纸上曾刊登这样一则新闻:在华的10多位德国专家主动到所辖税务局纳税。而一位在德国留学多年的学者却指着新闻说:这是天经地义的事,怎么能成为新闻?在德国,只有偷税逃税才会成为新闻。西方有句俗语:人来到世上,有两件事不能避免,一是死亡,二是纳税。德国公民的纳税意识不是与生俱来的,除了从小耳闻目睹到的纳税行为和舆论引导外,更多的还是慑于法律的威严,因为在一切以金钱作为价值尺度的社会,纳税人心中很清楚:偷税逃税所造成的声誉损失，要比纳税重要得多，更犯不上为偷税漏税去坐牢房。

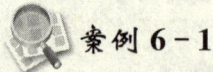
案例 6-1

"生命一号"税案内幕

许多企业对税收问题不够重视，以至于酿成大祸。2006年6月1日上午闭幕的广东省第十届人民代表大会常务委员会第二十五次会议通过决议，接受罗泽勤辞去第十届全国人民代表大会代表职务的请求。

罗泽勤是广东十八宝医药保健品有限公司董事长兼总经理，2006年，她才不过45岁，2003年，当选为第十届全国人民代表大会代表，同年获广东省优秀民营企业家称号。她创立并领导的企业因成功研制"生命一号"而名噪海内外，其企业在全国建立了29个分公司和8万多家销售网点，年均销售额达到10亿多元。

万万没有想到，就是这样一家对国家和社会有着突出贡献的企业竟然也存在偷税行为。税务机关在社会举报的基础上对其纳税情况进行重点稽查，最终水落石出，查明真相：2002年1月至2004年10月，该公司虚开农副产品收购发票15 279份，申报抵扣增值税进项税额2 536.5万元；不按规定开具农副产品收购发票5 422份，申报抵扣增值税进项税额746.4万元；以不符合规定的和为自己虚开的农副产品收购发票入账，虚列、多报成本和费用，共计偷漏企业所得税5 135万元。根据《中华人民共和国税收征收管理法》及有关规定，税务机关对其偷税行为进行处罚，补征税款8 417.9万元，加收滞纳金和罚款分别为1 715万元和1 268万元，累计金额达1.14亿元。税务机关已于2006年将税款、滞纳金、罚款全部追缴入库，并以涉嫌偷税罪将当事人移送公安机关。

对于"生命一号"税案，在惋惜之余，我们也应从中吸取教训。"生命一号"税案到底给我们带来哪些启示呢？

启示一：依法纳税永远是正确的。

现代税收具有强制性、固定性、无偿性三大特征。对一个企业来讲，遵纪守法是一项应尽的社会责任,依法纳税是每个企业应尽的社会义务。君子爱财,取之有道。企业家追名逐利原本是无可厚非的,但绝不允许利用偷税手段来达到这一目的。企业家的政治生命也很容易被税收所累,政治生涯止于偷税行为。

启示二:警惕偷税惯用伎俩。

企业惯用的偷税伎俩在"生命一号"税案中显露无遗。结合该税案,将企业常见的偷税手法概括如下:

手段之一:纳税人虚开增值税发票,尤其在特殊环节寻找所谓的"税收空间"。"生命一号"虚开或不按规定开具农副产品收购发票,多申报抵扣进项税额3 000多万元。对于增值税的特殊业务,如运输、废旧物资收购、农副产品收购等方面极易出现虚开或不按规定开具发票行为,这应引起社会的广泛关注。

手段之二:纳税人销售商品时不开发票或者少开发票,从而隐瞒收入偷逃税款。"生命一号"通过不开发票,少开发票的方式,以降低销售环节的税收。这是典型的偷税行为,属于国家重点打击的税收违法犯罪活动。

手段之三:虚列成本费用偷逃税款。"生命一号"还采用虚列成本费用的手段偷逃税款。罗泽勤作为企业老总,每年在企业报销个人消费金额高达几百万元,这是不符合税法规定的,也属于一种典型的偷税行为。

二、走出纳税误区

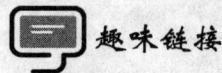趣味链接

鞋子中的沙子

在一次长跑运动会中,一个运动员觉得自己鞋子里有些不太舒服,但是因为比赛已经开始,也来不及再停下来。但是跑得越长,却发现自己的脚越痛,到最后一圈不得不停下来。脱下鞋子一看原来是一粒沙子,这粒沙子把

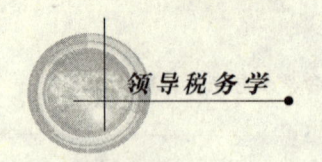

脚都磨破了,无法再进行比赛。就这样只好眼睁睁地看着自己与奖牌擦肩而过。

启示:鞋子中的沙子虽小,但是同样可以在一个时期内影响我们的目标的实施。我们在企业管理中一定要学会发现企业中存在的问题,更重要的是重视企业中存在的问题,发现问题一定要及时处理,做到未雨绸缪,不能够让隐患再持续下去,否则的话只能像那个运动员一样到最后无法控制自己的"身体",眼睁睁地看着机遇跟自己说再见。我们的企业很多情况下都是认为自己已经足够强大了,那些小问题都是不足为惧的,到最后却不得不倒闭关门了事。

(一)对提升经理层与财务人员的业务水平重视不够,造成多纳税

确立企业发展战略的直接目标是实现税后利润最大化,终极目标是实现企业价值最大化,在此过程中应综合考虑多重因素的影响,税收成本只是其中的一项。如果企业面临甲、乙两个备选方案,甲方案的税收成本虽高于乙方案,但它却能取得更大的税后收益;或乙方案存在更大的实施成本、风险成本和其他非税成本;或甲方案更符合企业发展的战略布局、长远利益和整体利益,而相对高的税收成本的影响只是局部的、暂时的、可以承受的,等等。在此类情况下,如果仅以税收成本绝对值上的高低来取舍战略发展方案,显然是片面的乃至是盲目的。由于公司业务的综合性,对经理层和财务人员的业务水平都提出了较高的要求。

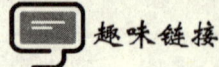

一道线的价值

斯坦门茨是一位著名的德国技术专家,一次美国福物公司的一台电机坏了,几经努力都没修好。于是他们请来了斯坦门茨。他检查之后,在电机外壳画了一条线,说:"打开电机,在正对记号处将里面的线圈减少若干圈,毛病

就好了。"人们将信将疑地照办了,果然成功。

电机修好后,斯坦门茨向老板收取3万美元的报酬。老板说:"用粉笔画一道线就要3万美元,这也太贵了!"斯坦门茨说:"用粉笔画一道线并不贵,只要1美元,但计算出在哪儿画线却要29 999美元。"老板折服,照付了钱,并重金买下了他所工作的公司。

这个事例给我们一个启示:不断的提升职工的相关业务水平,才能使其工作效率价值最大化。

(二)寄希望于通过作弊少纳税,缺乏控制纳税风险意识

一位在税务师事务所工作的朋友,有一次大家喝茶聊天,他说最怕碰到三类企业老板:

第一类老板心平气和地说:"你们帮我造一本查不出来的账!"

第二类老板很牛气地说:"某某税务局长跟我关系很铁,经常在一起喝酒,称兄道弟。不用担心,税收不会出问题的!"

第三类老板是等到出问题了才匆匆找来,并着急地说:"你们先帮我搞定这个问题再说!"

以上所讲的三类老板的故事其实是在谈企业的税务风险,所谓税务风险,通俗地说,就是企业因违反税法规定而导致未来经济利益损失的可能性。税务风险不外乎两种结果:一是企业白白多付出税款;二是企业因为少缴或迟缴税款而受到法律制裁。

 **案例6-2**

一项经济业务(或事项)的纳税可能受到多种法律制度约束

有一家事业单位进行改制,新成立一家经营性企业。由于人手短缺,该事业单位的很多职工都在新成立的企业兼职,兼职人员在两个单位同时获得劳动报酬。这里想问大家的问题是:一个人同时在两个单位工作,拿到两份

劳动报酬应该如何纳税呢?

财务部经理是这样做的,对兼职人员在两个单位拿到的劳动报酬,分别作为工资、薪金单独计税,即在两个单位都根据九级超额累进税率代扣代缴个人所得税。按照你的直观判断,这种做法正确吗?

税法中有这样的规定,对于个人在1个月获得两份工资的,应对两份工资合并计税。因此财务部有人认为,应把两份工资加起来作为一次收入,减除3 500元的免征额,按照税法规定代扣代缴个人所得税。

其实,上述两种做法都不正确。工资、薪金是单位给予雇员的劳动报酬。如果一个人不属于单位的雇员,是不能够拿工资、薪金形式报酬的。我国劳动法规定,一个人只能和一个单位签订合法的劳动合同。所以,一个人不可能在两个单位同时领工资、薪金。按照劳动法和税法的要求,兼职人员应该选择其所服务的一家单位的劳动报酬作为"工资、薪金所得"来缴税,其余单位的劳动报酬一律视为"劳务报酬所得"来计算缴纳税金。这里需要特别明确的是,雇员和单位之间签订的是劳动合同,而非雇员和单位之间签订的是劳务合同。

还有一种特殊情况,如果单位的一位老员工退休后又被返聘回来,那么该返聘员工的劳动报酬应该如何纳税呢?有人认为,返聘员工不再是正式雇佣的员工,应该按照劳务报酬缴纳个人所得税。其实这种说法是不对的,我国税法规定,返聘员工的劳动报酬依然按照"工资、薪金所得"缴纳个人所得税,而不是按照"劳务报酬所得"计税。

上述案例说明了一项经济业务(或事项)的纳税可能会受到多种法律制度的约束,而不仅仅局限于税法规定,这是大家需要特别注意的。

企业的税务风险一般来源于以下四个方面:

一是税法本身存在着一定的缺陷和不完善性。这种不完善性再加上税收政策变化比较快,纳税人很容易陷入"税收陷阱",造成一定程度的纳税风险。

二是税务机关拥有税法的解释权和自由裁量权。税务机关既是税法的制定者,又是税法的执行者,他们有权对税法作出解释,这在主观上就很容易对纳税人造成伤害。

三是经济环境中的虚开、代开发票以及经济舞弊等行为,也给纳税人带来了一定的税务风险。

四是来源于纳税人自身的税务风险。纳税人在纳税观念、法律意识、业务水平方面存在欠缺,也极易在纳税过程中形成税务风险。

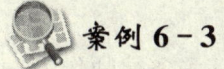 案例 6-3

一个环节的税收不能替代另一个环节的税收

王老板开办的公司从韩国购买所需的材料,已在海关缴纳了进口增值税和关税。在生产过程中,产生了一些废弃的下脚料,王老板就把下脚料卖给了废品收购站。

王老板认为,这些废料在进口时已在海关缴了税,因此,此举是一项正常的商业行为,不应该再缴税。当国税局的稽查人员找上门时,王老板以为税务机关是在故意找茬,并理直气壮地拿出了相关发票和完税凭证。

请问:王老板的做法对吗,为什么?

这个案例涉及纳税环节问题。对企业来说,税收通常是分环节缴纳的。企业从韩国进口材料所缴纳的税款属于进口环节税收,而把下脚料再卖给废品收购站,这又构成一个纳税环节。所以,王老板把下脚料卖给废品收购站时还必须缴纳销售环节税收——增值税。

这个案例说明了税收是按环节征收的,一个环节的税收不能替代另一个环节的税收。

税务风险猛如虎。那么,面对税务风险,企业应该如何防范呢?下面提几点防范的招法:

招法一:拒绝挂靠。

尽量不要挂靠别人,也不要让别人挂靠。比如替别人开发票,或者找别人开发票。一旦陷入这些扯不清的关系和利益纠纷中,会使纳税问题变得风险重重。

招法二:定期检查。

企业应该定期进行纳税检查,检查税款计算是否正确,检查账务处理是否合适。尤其涉及税款少缴或多缴的情况,更要仔细检查。一旦发现错误要及时更正,不仅是税款,还有错账。

招法三:聘请税务律师。

当前在社会上有一个职业特别火爆,那就是税务律师。税务律师作为一种精通税法的律师,能更好地为企业解决税务纠纷问题。

招法四:开展纳税筹划。

在企业经营管理实践中,要准确及时地编制税收规划,设计纳税筹划方案,依法纳税,合法节税。

(三)企图通过"关系"解决税务问题

案例6-4

利用"关系"并不能最终解决企业税务问题

盛华房地产公司房产销售火爆,每年实现3亿元的销售额,为了规避金额庞大的土地增值税,公司老总通过关系与当地税务局领导"协调",并达成减免50%土地增值税的意向,但未取得税务局下达的正式认可文书,而是采取由上而下的层层打招呼的形式获得默许,盛华房地产公司会计也未将该笔税款反映在账面上。两年后,稽查局进行税务稽查,认定该企业应纳未纳土地增值税行为属于偷税行为,查补欠税并处罚金多达6 000万元。面对巨大的税务损失,老总追悔莫及,扪心自问,不得不反思这样一个问题:利用关系能最终解决企业的税务问题吗?

这是中国的现状,许多企业老总特别是一些大企业老总都有一些社会关系和税务资源,因此,当他们在遇到棘手的涉税问题时,往往第一反应就是托关系、找路子解决问题。在现实中的确有些问题能以这种方式解决,但这种所谓的解决方式往往留有许多看不见的隐患,这种偏离法制的解决方式,最终很可能使得企业付出"亡羊补牢"的沉重代价。

三、营造和谐税收征纳关系

（一）征税与纳税：一对冤家

记得有位税务专家说过:"在中国漫长的封建社会,一部税收史,就是一部税收抗争史。"中国封建社会的苛捐杂税很多,严重压榨着身居底层的劳动人民。唐代诗人杜荀鹤有两句描写税收的著名诗句:"任是深山更深处,也应无计避征徭。"

说起税收,大家不妨来看一下古汉语中的"税"字,左边是"禾"右边是"兑",其含义是"用禾苗向国家承兑捐税"。正如造字意义上的"税"字所显示的,我国最早的税起源于农业,农民耕种土地要向国家缴税,国家为农民提供土地要向农民征税。最早的税表现为农业税,正所谓:税敛之于民,民以"禾"为"兑",这便是"税"字的起源和最好诠释。

商代有著名的井田制,《孟子》记载:"方里而井,井九百亩,其中为公田。八家皆私百亩,同养公田,公事毕,然后敢治私事。"所谓的井田制,就是把一定数量的土地分成九块,将周边八块分给八家农户耕种,属于私田,政府不予征税。中间的那块属于公田,由八家共同耕种,公田的收入全部上缴国家。如果我们作一个简单计算:公田的收入作为税收,占全部农田收入的九分之一,那么农业税的税率也相当于九分之一,即11.1%,这就是"井田制"下的纳税模式,也是中国早期农业税的雏形。

（二）对税收征纳的认识

对于企业和税务机关来讲,纳税和征税永远是一对矛盾。但我们要辩证地看待征税和纳税之间的矛盾。

在西方国家,政府征税被形象地称为"拔鹅毛",征税的艺术被称为"拔鹅毛的艺术",其最佳效果是"既要拔鹅毛,又不让鹅叫",也就是不要让纳税人感到税收的压力。反过来,如果鹅毛拔多了,鹅就会选择逃离,不让拔了,最终的结果是征税行为直接影响到经济的发展。所以,征税的艺术是"拔鹅毛而不让鹅叫"的艺术。

对企业来讲,纳税之道是顺应国家政策、不偏不倚地合法纳税;对于政府征税要像大禹治水一样,正确引导纳税人依法纳税,而不是横征暴敛、强行征收。

我很欣赏一个有关税收征纳的比喻——渔网理论,我把它称为税收辩证法。渔民在出海打鱼之前先编织渔网,然后在大海浪涛中利用渔网打鱼,打鱼过程中可能会出现一些漏网之鱼,这是一种必然现象。鱼之漏网,原因不在鱼,而在于网,网眼太大鱼就会从网里钻出来,这是鱼渴望生存的天性使然。而渔民不应该去抱怨鱼,而应该想办法织好自己的网。以此比喻税收征纳极为贴切。由于税法这张"渔网"总会存在"漏洞",企业总会千方百计地规避税收,这原本是无可厚非的。如果企业没有规避税收的欲望,企业也就成为一条"死鱼"。政府一旦发现税法这张"渔网"有破损,网眼比较大,第一反应就是修补"渔网",而不是去抱怨"漏网之鱼"。

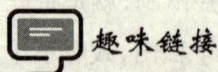趣味链接

捧回金杯的足球队也应依法纳税

1994年的世界杯赛,巴西队捧回金杯的同时,也带回了据说17吨重的物品,装了5大卡车。按照巴西税法,每位本国居民只要在国外购买价值500美元以上的商品就得缴纳关税。巴西足球队此次从国外带回的冰箱、彩电、录像机等物品,共须缴纳100万美元的关税。海关税官依法执法,不纳税就不放行,巴西足球队当时就炸开了,自恃功高的足球明星们威胁不参加盛大的庆祝游行,球星罗马里奥扬言要退回总统佛朗哥亲自授予他的体育勋章……但是,铁面无私的海关税官毫不动摇。

事情最后闹到政府财政部长、甚至总统亲自出面要求海关放行,忠于法律和职责的税务局长无奈宣布辞职。视足球为生命的巴西人狂欢后开始清醒,就此事举行全国民意调查,结果有79%的人认为足球队员应该依法纳税。巴西政府后来也从善如流,终于在1994年7月22日改变以前的立场,决定对足球队征税。

(三) 积极应对税务检查

你单位接受过税务检查吗?税务机关主要通过哪些形式进行税务检查?税务机关有权把企业的会计资料调回检查吗?

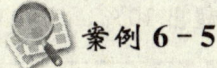

企业应及时进行纳税申报和按期缴纳税款

1. A企业搬到西城区后,由于在本纳税期内没有应纳税款,A企业老总认为本期他们不需要纳税申报。A企业老总的认识是错误的,企业在本期内即使没有应纳税款,或者正在享受减免税优惠,也要向税务机关进行纳税申报。切记,不需要纳税的期间也需要正常申报。

2. B企业实行所得税分季预缴,本季应缴纳税款50万元,由于本期企业有重大投资项目,资金比较紧张,在发放工资缴纳社会保险之后,余额都不足缴税了。想到下个季度企业会有新品上市,B企业决定先拖欠税款,等新品上市后再缴纳。

15天的纳税期一过,B企业就收到税务机关的通知书,税务机关责令企业在本月月底之前必须缴清税款,否则,将会从下月1日起加收每日万分之五的滞纳金,并对企业实行税收强制执行。B企业的老总认为这只是税务机关的恐吓之词,还是没有按期缴纳税款。结果在下个月的20日那天接到开户行的通知,企业的存款50.5万元被划拨到国库以缴纳税款,其中50万元是税款,5 000元是滞纳金。并收到税务部门开来的税收罚单25万元。B企业的老总一看傻眼了,投资项目将会受阻,损失惨重,还要缴纳 25 万元罚金(根据税收征管法规定:纳税人在规定的期限内不缴或少缴税款,处 50% 以上 5 倍以下罚款)……

国家征税是一件严肃的事情,纳税人逾期不主动纳税就会受到国家的惩罚。其实,如果 B 企业的老总了解税法,他完全可以避免这种结果。《税收征管法》第三十一条规定:"纳税人因有特殊困难,不能按期缴纳税款的,经省、自治区、直辖市国税局、地税局批准,可以延期缴纳税款,但最长不得超过三个月。"

这里所说的特殊情况是指企业遇到不可抗拒的自然灾害,包括火灾、地震、台风等,以及当期货币资金在扣除工资、社会保险后,不足以缴纳税款的。因此,B 企业完全有机会申请到延期纳税,在 3 个月后,新产品带来的利润就可以缴纳税款了,而且也不用缴纳滞纳金,更不会被罚款。

税收滞纳金每天 0.5‰ 加收,该资金成本是很高的,如果一笔税款滞纳 1 年,相当于年利息率在 18% 左右,而银行年利率最高也不会超出 10%。

税务机关征税的方式主要有查账征收和核定征收两种。如果企业的财务会计制度比较健全,那么税务机关根据企业提供的会计凭证、账簿资料等征收税款,这叫查账征收。如果企业的账簿资料不全,或者存在假账的情况,税务机关一般会采取定额征收的方式,即根据企业的规模、业务量等经营情况,定额征收税款。

1. 税务检查的主要形式

(1) 重点检查。公民举报、上级机关交办或有关部门转来的有偷税行为或偷税嫌疑的,纳税申报与实际生产经营情况有明显不符的纳税人及有普遍逃税行为的行业的检查,都属于重点检查。如果某单位被税务机关重点检查,那可能就有大问题了。

(2) 专项检查。专项检查是指税务机关根据税收工作实际,对某一税种或税收征管某一环节进行的检查,如增值税专项检查、个人所得税专项检查。

(3) 临时检查。临时检查是指各级税务机关根据不同的经济形势、偷逃税趋势、税收任务完成情况等综合因素,在正常的检查计划之外安排的检查,如房地产业偷税检查。

2. 资料调回检查

税法规定,有如下特殊情况的,税务机关可以将纳税人当年的账簿、记账凭证、报表等会计资料调回检查:

(1) 涉及增值税专用发票检查的。

(2) 纳税人涉嫌税收违法行为情节严重的。

(3) 纳税人及其他当事人可能毁灭、藏匿、转移账簿等证据资料的。

(4) 税务机关认为其他需要调回检查的情况。

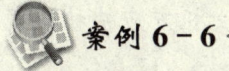

案例 6-6

两套账被查处追缴税款 80 万元

因市场竞争激烈,某酒店经营不景气,酒店的经理及财务部长经过商议决定在税收上做文章,即每个月少报营业额 30 万～50 万元不等,生意好的时候会少报 60 万～80 万元,同时做两套账:一套是内部账,用于决策和管理;另一套是外部账,用于报税。

税务稽查人员根据举报线索,对该酒店进行税务检查,查实了两本账的内幕。经税务进一步核实,该酒店 1 年下来偷税达 50 万元,最后税务作出了补税、缴纳滞纳金和罚款合计金额达 80 万元的处罚决定。

(四) 妥善处理企业与税务局的关系

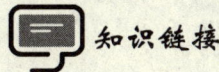

知识链接

如何与税务机关签订委托代征税款协议

主管税务机关与代征单位协商后,签订《委托代征税款协议书》,根据协议确定双方责任和义务。

1. 核定代征税种、代征范围、申报期限、报缴税款期限

受托单位填写《委托代征税款登记表》，交主管税务机关。税务机关的认定管理环节就代征税种、代征范围、申报期限、报缴税款期限等情况核定好后交代征单位。

2. 发放证件

税务认定的管理环节向受托方发放《委托代征税款证书》。对于下列情况，税务机关应及时向受托纳税人办理终止委托代征税款协议：

因受托方发生转业、改组、分设、合并、联营或停业、注销等情况或主管税务机关本身原因，需要终止委托代征税款协议时，主管税务机关收缴《票款结报手册》、《税收通用完税证》、《税收定额完税证》等资料，受托方应按协议规定期限结清委托代征的税款。

四、部署纳税战略

在企业的管理活动中，纳税管理与企业价值有着直接的联系。纳税管理是指企业在生产经营过程中，利用价值形式，合理组织纳税活动、正确处理税务关系，以期实现企业在税务安全的基础上享有最大的税收利益。

从纳税管理所涉及的活动看，纳税管理绝不仅仅是一个财务问题。例如，对企业组织形式的选择，对企业内部组织结构的谋划等问题已远远超出财务的范畴，而企业不同的选择将会产生不同的税收待遇，导致不同的税负成本，因此存在着纳税管理的必要性和可行性。印度税务专家 E·A·史林瓦斯(E. A. Srinvas)认为税务已成为重要的环境要素之一，对企业既是机遇，也是威胁。企业纳税战略筹划如图 6-1 所示。

（一）企业纳税筹划战略

税收是一个重要的经济调节杠杆，在不同地区、行业、不同性质的企业甚至同一企业生产的不同产品、不同行为方式(如重组方式)方面，都可能存在

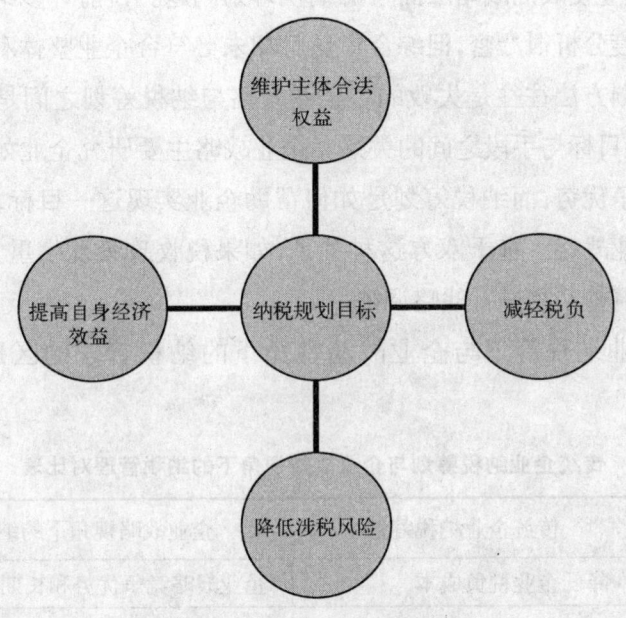

图 6-1　企业纳税战略筹划示意图

税收政策差异,有的税收政策可能是鼓励性的,有的可能是抑制性的,企业在确立战略发展目标和进行战略布局时,应评估这些政策的影响,尽可能谋取相对较低的税收成本,获得竞争优势。同时,税收政策不是一成不变的,这种变化可能是"利好"——如东北地区增值税转型,对此,企业应及时掌握政策信息,筹划设计不同的行动方案,等待和把握时机,乘势而上;反之,对一些不利甚至致命一击式的政策变化,应未雨绸缪,迅速制定应对的纳税筹划方案,并引导企业作出战略调整。纳税筹划在当今中国的公司理财领域是一个越来越热的话题,究其原因,正是国家税收环境的进步、企业财务管理职能的转变,催生了纳税筹划需求的大量释放;专家学者研究的深入和财税中介机构相关咨询服务的规范,保证了纳税筹划供给的大力跟进。

纳税筹划战略管理活动最早发生在西方发达国家,我国企业在 20 世纪 90 年代初才认识到纳税筹划战略的重要性。纳税筹划是一种事前行为,具有前瞻性的特点,它在本质上属于企业管理的一部分。我国目前纳税筹划的研究主要是基于具体层面,局限于对税法本身的研究,往往侧重于考虑短期利益,很少从企业发展的战略层面考虑纳税筹划问题。目前许多纳税筹划方法从税法的角度分析很严密,但综合考量后却未必符合企业整体利益。忽视企业战略的筹划方法往往是失败的。企业战略与纳税筹划之间是全局性规划与局部行为、目标与手段之间的关系。企业战略主要研究企业如何在竞争中谋求长期竞争优势,而纳税筹划是如何帮助企业实现这一目标,所以纳税筹划服从于企业战略。基于双方这种关系,如果税收政策发生重大调整,企业为适应税法调整必须进行战略调整。

传统企业纳税筹划与企业战略视角下的纳税管理的区别如表6-1所示。

表6-1　传统企业纳税筹划与企业战略视角下的纳税管理对比表

	传统企业纳税筹划	企业战略视角下的纳税管理
目标	降低企业税负成本	企业战略竞争优势和长期盈利能力
范畴	财务管理	企业战略范畴
视角	从降低企业税负的角度	企业战略管理
侧重点	日常经营和财务问题	企业的战略问题

1. 纳税筹划帮助企业制定和实施战略

企业纳税筹划战略目标的确立必须综合考虑以下因素:企业战略目标;财务管理目标;纳税筹划对企业价值链上的供应商、客户、员工等利益相关者的影响;纳税筹划全部收益与成本的权衡,包括税与非税因素和纳税筹划实施的管理协调因素等。因此,企业在确立纳税筹划目标时,至少包括以下几点:

(1) 规范纳税管理,准确进行税务会计核算和纳税申报,依法缴纳税款,做到"税务会计规范处理、税收政策充分应用、应交税款绝不偷漏"。

(2) 有效支撑企业战略的制定和实施,服务企业价值最大化的战略目标和财务管理目标。

(3) 有效进行财税环境变化管理,适时制定或调整纳税筹划方案,建立适应性的纳税筹划管理组织和机制。

税收涉及企业的各个阶段的方方面面,从开始筹建、运营再到企业破产清算,企业无时无刻不在与税收打交道。不同环节企业所需要处理的税收事宜也各不相同。企业销售货物或进出口货物要缴纳增值税;企业生产、进口应税消费品要缴纳消费税;企业提供劳务、转让无形资产、销售不动产要缴纳营业税;企业取得的生产经营所得或其他所得要缴纳所得税;还有国家为了特定目的征缴的税种,如城市维护建设税、土地使用税、车船税、印花税、土地增值税;外贸企业还要缴纳关税,等等。因此,企业在进行纳税筹划的过程要善于抓住关键环节,对影响企业价值的关键环节中的主要因素重点考虑。有了基于企业战略的这种企业全部价值活动的观念,我们会更容易找到纳税管理的关键点和核心要素,使企业在整体上清楚对哪个环节进行纳税管理效果是最好的。

2. 配合企业整体纳税规划积极行使纳税人权利

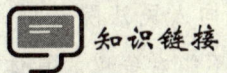

税务行政复议的条件

申请人向复议机关申请复议必须符合下列法定条件,缺一不可。否则,复议机关将不予受理,但申请人有权就复议机关不予受理的裁决向人民法院起诉。

(1) 申请人是具体行政行为直接侵犯其合法权益的公民、法人和其他组织以及外国人、无国籍人、外商投资企业、外国企业和其他外国组织。

(2) 有明确的被申请人。也就是说,复议申请所针对的作出具体行政行为的税务机关是确定的。

(3) 有具体的复议请求和事实根据。申请人认为该具体行政行为有哪些错误,侵犯了自己的哪些权益(包括具体数额),具体应该如何纠正以及认为其错误或应予纠正的事实理由。

(4) 属于税务行政复议受案范围。凡是超过《税务行政复议规则》第七条规定的复议受案范围的申请都属于无效申请。例如,对税务机关制定某一规章或规范性文件的抽象行为不服;对税务机关提请工商部门吊销营业执照或认为构成偷抗税罪移送检察机关处理的提请、移送行为不服,都不属于税务行政复议的范围。

(5)属于规定的税务机关管辖。

(6)申请人的复议申请属于必经复议范围的,申请人在提请复议前,必须先按照税务机关根据法律、行政法规确定的期限缴清税款、滞纳金、罚款。

(7)复议申请必须在法定的复议申请期限内提出。按照规定,申请人可以在得知税务机关作出具体行政行为之日起60日内提出了行政复议申请。因不可抗力或者被申请人设置障碍等其他正当理由耽误法定申请期限的,申请期限自障碍消除之日起继续计算。

(8)法律、法规规定的其他条件。

复议机关在接到申请人的申请后,要按上述条件加以审查,以决定是否受理,如果不符合条件之一的,复议机关即可不予受理。对于复议机关不予受理的复议裁决,申请人不服,只能就不予受理裁决本身向人民法院起诉。人民法院也只能就税务机关是否应受理复议进行审理,而不能对争议的具体问题进行审理。

3. 企业纳税筹划战略管理的组织保证和内部控制

企业实施纳税筹划战略管理体系,必须具备组织依托。跨国公司在财务系统一般设有税务部,履行纳税筹划职能,还有为数不少的公司将纳税筹划功能从税务部分离出来,单独成立纳税筹划部。考虑到我国企业的现有治理结构和管理文化,建议在企业的财务与会计系统内设立税务部,统筹负责企业纳税管理与纳税筹划。在机构设置和人员配备上,大企业必须设置专门的机构,配备专职人员,负责整个集团的税收管理,越是大型的企业集团,越需要专门的办税人员。大企业集团应设置与财务部平行的税务部门,鉴于税收管理的核心地位,税务部应直接对集团的"一把手"负责。在公司治理框架中可以设立公司纳税筹划内部治理系统。对于税收筹划的运作,可以明确授权并形成制衡关系,确保企业财税管理和纳税筹划决策的科学性,力避企业涉税风险和税务危机的出现。在工作流程上,由于企业几乎所有的生产经营活动都或多或少地影响纳税义务,大企业必须设计一套科学严密的内部工作流程,使负责税收问题的部门和人员,及时了解整个集团的生产经营情况。只有这样,才有助于防范每个环节有可能产生的税收风险,也有助于在确定融资、投资方案时,事先考虑税收影响,规避潜在的税收风险。内部纳税控制制度是整个内部控制制度中的一部分。如果企业没有健全的纳税内部控制制度,势必影响纳税会计核算提供资料的正确性和可靠性,影响纳税筹划的进行,影响内部纳税检查的质量。因此,企业作为纳税人应从成本效益的角度出发,建立健全内部纳税控制制度。

4. 企业纳税战略管理的激励机制

由于纳税筹划风险的存在,税务部或筹划部经理及其下属人员,出于自身的效益和成长的考虑,会尽量规避纳税筹划风险,而规避筹划风险的最好办法就是不去设计筹划方案。因此,在企业内部,几乎很难产生理想的纳税筹划方案。这种道德风险的存在,一方面为财税中介机构提供了市场,但另一方面却也增加了企业纳税筹划的成本。因此,企业纳税筹划战略管理体系中应有激励与约束机制,以降低纳税筹划成本,提高纳税筹划效果。纳税筹划激励与约束机制的建立,可以通过设计最优契约,赋予财务经理或税务经理纳税筹划责任并给予与风险对应的奖励;引入岗位竞争,纳税管理和纳税筹划不达标的应调离工作岗位等方式来实现。

5. 税收框架下的公司理财目标

在考虑税收因素的情况下,公司理财目标会有所不同。我们从三个方面分析:

(1)税收是影响利润水平的重要项目。由于税收的存在,企业的净利润水平会下降,因此导致股东的可支配收益也随之降低。股东重视税后净收益的大小,因此,"利润最大化"财务目标在税收框架下应该修正为"税后利润最大化"或"净利润最大化"。只有税后利润最大化才能满足股东的需要。

(2) 税收是影响股东财富可支配额的重要因素。税收的存在,不仅影响企业的利润水平,而且还直接影响股东可支配财富的金额。比如当存在于企业的股东财富分配给股东时,股东财富会被征收一道税,而股东所获取的可支配财富会因此而减少。因此,"股东可支配财富最大化"应该是股东所真正关注的财务目标。

(3) 税收是影响现金流量的关键性因素。对纳税企业来说,税收是一项现金流出;纳税期间内税款的节约就是一项现金流入。考虑到税款的支付期间,税款也会产生货币的时间价值问题。因此,税收框架下的公司理财目标应该定位为"净现值最大化",而"净现值最大化"目标与"股东财富最大化"目标是一致的,因为净现值代表了企业未来所创造的现金流量的现值之和,股东财富会随着预期现金流量的增加而增加。

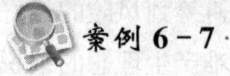

合理的税前扣除项目有利于税收节约

振邦公司租赁办公室,每月租金为 10 000 元。在计算振邦公司应纳税所得额时,10 000 元的租金支出可以税前扣除。换言之,这些支出使 10 000 元的所得免于缴纳企业所得税。若公司适用 25% 的企业所得税税率,那么这项扣除项目带来了 2 500 元的税收节约。因此,我们可以得出如下结论:振邦公司每月的租赁交易包括 10 000 元的现金流出和 2 500 元的现金流入。

(二) 战略管理思维下的纳税规划重点

1. 基于融资角度的纳税规划

税收作为企业一项固定的成本支出会直接导致企业现金流量的减少,从而会影响公司的融资决策。可以说,在没有税收的理想情况下,各种手段都是一样的。可是税收使企业对特定的融资手段产生了偏好。不仅如此,还将改变企业的融资限制条件;而由于偏好不同,这些限制就会在企业的决策中起到重要作用。因此,企业在进行融资决策时要充分考虑税收因素。资本结构决策的一般规律是:当息税前投资收益率高于负债成本率时,企业往往会逐渐增加负债的比重,这时可以继续发挥财务杠杆作用;而当息税前投资收益率低于负债成本率时,由于负债融资产生的负效应,企业往往会逐渐减少负债的比重。融资决策还要充分考虑还本付息问题。一般金融机构贷款其核算利息的方法和利率比较

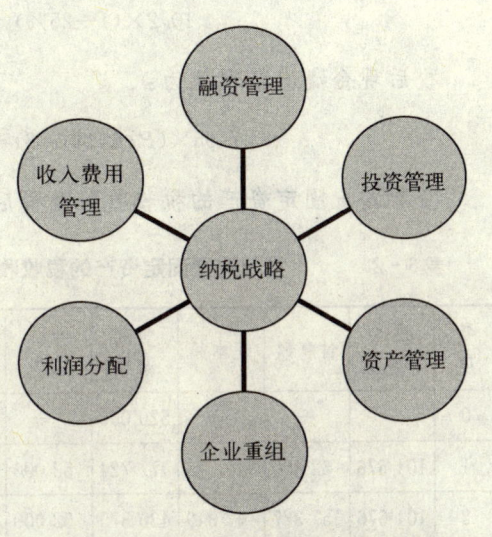

图6-2 企业纳税规划重点示意图

稳定、幅度变化较小,税收空间不大。而企业之间的资金拆借和内部集资在利息计算和资金回收期限方面均有较大弹性和回旋余地,从而为筹划节税创造了有利条件。战略思维下的企业纳税规范重点如图6-2所示。

 案例6-8

基于融资角度的纳税规划方案

假设企业需要添置一台价值52万元的固定资产设备(假定不考虑残值),有两种方案可供选择:

方案一:向银行贷款52万元购买,银行贷款利率为12%,还款期限为8年,设备估计使用年限为10年。

方案二:向融资租赁公司融资租赁设备,租赁期为8年,每年年末支付10.2万元,租赁期满后,设备归企业所有。假设企业的年均资金成本为11%。

先将两方案的税后现金流出量进行对比,融资租赁的年租金为10.2万元,税后现金流出量为:

$$10.2\times(1-25\%)=7.65(万元)$$

税后现金流出量现值为：

$$7.65\times(P/A,11\%,8)=39.3669(万元)$$

贷款购置固定资产的税收收益及税后现金流出量如表6-2所示。

表6-2　　　贷款购置固定资产的税收收益及税后现金流出量　　单位：元

年度	还本付息额	付息额	还本额	贷款余额	年折旧额	减少应税额	税收收益	税后现金流出	贴现系数	现值
0	—	—	—	520 000	—	—	—	—	—	—
1	104 676	62 400	42 276	477 724	52 000	114 400	28 600	76 076	0.901	68 544
2	104 676	57 327	47 349	430 375	52 000	109 327	27 332	77 344	0.812	62 803
3	104 676	51 645	53 031	377 344	52 000	103 645	25 911	78 765	0.731	57 577
4	104 676	45 281	59 305	317 948	52 000	97 281	24 320	80 356	0.659	52 955
5	104 676	38 154	66 522	251 428	52 000	90 154	22 539	82 137	0.593	48 707
6	104 676	30 171	74 505	176 921	52 000	82 171	20 543	84 133	0.535	45 011
7	104 676	21 231	83 445	93 476	52 000	73 231	18 308	86 368	0.482	41 629
8	104 676	11 200	93 476	—	52 000	63 200	15 800	88 876	0.434	38 572
合计	837 408	317 409	519 979	—	416 000	733 409	183 352	654 056	—	415 798

说明：　　年还本付息额＝520 000÷(P/A,12%,8)＝104 676(元)

付息额＝上年贷款余额×12%

贷款余额＝上年的贷款余额－还本额

减少应税额＝年折旧额＋年付息额

税收收益＝减少应税额×25%

税后现金流出量＝年还本付息额－税收收益

分析：方案一举债购置的税后现金流出量现值为41.579 8万元；方案二融资租赁的税后现金流出量现值为39.366 9万元。因此，企业应该融资租赁该设备。

2. 基于投资角度的纳税规划

一般来说,在世界各国的公司所得税制度中,激励投资的税收政策大多集中于加速折旧与投资抵免制度方面。"乔根森模式"的研究表明,美国公司所得税制中的"加速折旧法"和"投资税收抵免规定"对美国的总投资有相当显著的经济效应。戴尔·乔根森教授于1967年对美国总投资的研究证明:1963年美国制造业净投资中的40%应归功于1962年引进的7%的"投资税收抵免规定"。投资补贴是国家对鼓励范围内的企业投资给予政府补助的一种投资鼓励制度,比如对高科技研发投入的政府补助,这种制度对投资的激励作用更大,但往往对投资者的身份、投资范围等规定许多限制性条件。

通过对税收对投资行为的抑制作用和激励作用的分析可知,税收对投资行为的综合效果取决于投资报酬率与投资资本的使用成本两方面影响力的强弱对比。这里只是静态分析了税收制度和所得税政策对企业投资行为的影响,揭示了所得税税率和优惠政策对投资可能产生的激励效应或抑制作用。经济实践证明,企业的投资行为是一个复杂的财务决策过程,它不仅与税收制度和产业政策有关,还在很大程度上取决于企业对未来宏观政策、盈利水平、现金流及经济发展状况的预期,这种预期的存在,不仅增加了企业投资决策的难度,而且也很难对企业投资行为作出精准的评价。但不容忽视的是,税收对投资行为的影响是显著而有效的,国家可以利用税收对投资的影响力进行产业结构调整、引导资源在不同产业及区域流动,以实现资源的合理配置。因此,世界各国都很重视税收对投资行为的调节作用。

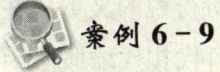
案例 6-9

基于投资角度的纳税规划方案

某企业目前有1 000万元的闲置资金,打算近期进行投资。其面临两种选择:一种选择是投资国债,已知国债年利率为4%;另一种选择是投资金融债券,已知金融债券年利率为5%,企业所得税税率为25%。请问从税务角度看哪种方案更合适?

解析：

方案一：若企业投资国债，则：

$$投资收益 = 1\,000 \times 4\% = 40(万元)$$

根据税法规定国债的利息收入免缴所得税，所以税后收益为 40 万元。

方案二：若企业投资金融债券，则：

$$投资收益 = 1\,000 \times 5\% = 50(万元)$$

$$税后收益 = 50 \times (1 - 25\%) = 37.5(万元)$$

所以站在纳税角度考虑，选择国债投资对于企业更有利。

个人投资与公司投资所适用的税收政策不同，个人转让上市公司的股票所获得的股票转让所得，暂免征收个人所得税。个人因股票期权所获得的已行权的境内上市公司股票再行转让而取得的所得，也暂免征收个人所得税；个人转让境外上市公司的股票而取得的所得，应按税法的规定计算应纳税所得额和应纳税额，依法缴纳税款。

3. 基于利润分配的纳税规划

从公司层面看，由于利润分配只能在公司缴纳企业所得税后进行，公司向股东支付的股息、红利等权益性投资收益款项是不能在计算公司应纳税所得额时扣除的，因此，公司在此环节自身不再涉及所得税纳税义务。但是，公司的利润分配政策，例如当年利润是否分配以及分配多少、如何分配等，却会影响到股东的税收利益，因为股东对其股利收入负有缴纳所得税的义务。在相关税收法规有明确规定的情况下，分配利润的公司将负有代扣代缴股东因其股利收入而发生的所得税义务。

从股东层面看，从公司分回的股息、红利，作为其收入的一种形式，属于所得税的征税范围。法人股东的股利收入要依法申报缴纳企业所得税，个人股东的股利收入要依法申报缴纳个人所得税。这样一来，公司分配的股利部分，实际上要面临双重的所得课税：一重是在公司层面，公司在其纳税年度终了后,要依法就其当年的应税利润缴纳公司所得税。利润分配是在公司缴纳所得税后,对其所得税后的利润进行的分配。另一重是在股东层面,如上所述,股东要依法就其从公司分回的股息、红利收入申报缴纳公司所得税或者个人所得税。这也就是通常所说的经济性重复征税。

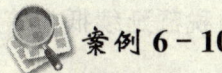

案例 6 – 10

基于利润分配的纳税规划方案

某股份制企业(非上市企业)2009 年未分配利润总额为 5 000 万元,经股东会讨论在提取 10% 的法定盈余公积金之后,准备把剩余的 4 500 万元用于股利支付。现有两种股利支付方式:一是发放现金股利;二是发放股票股利。企业现金流量状况良好,企业股东全部为自然人股东。在选择哪种股利支付方式上,董事会成员进行了充分讨论,讨论结果是选择第一种股利支付方案。原因如下:

第一,企业现金充足,无论哪种股利支付方式均不会带来企业现金流的不足。

第二,企业无论发放现金股利,还是股票股利,均不涉及税收问题。

第三,对于股东(自然人股东)来说,无论何种股利支付方式,均需缴纳 20% 的个人所得税。

在现金股利分配方式下,取得现金股利净收益 3 600 万元(4 500 − 4 500 × 20%);在股票股利分配方式下,未取得任何现金流,却尚须为此缴纳个人所得税 900 万元(4 500 × 20%)。

因此在公司利益未受影响的情况下,基于股东税后利益最大化考虑,企业最终选择了现金股利支付方案。

4. 基于企业重组的纳税规划

企业重组是资源的重新配置过程,重组行为的发生伴随着资源的流动和

产权的转移,该过程无法避免的税收问题主要有以下三个:

(1) 资产转移中的流转税问题。现行税法规定,以无形资产、不动产投资入股,参与接受投资方利润分配,共同承担投资风险的行为,不征收营业税;在股权变动时,根据其是否确认股权转让收入决定是否对其征收营业税;企业整体产权转让,或企业合并、分立后,因纳税主体的变更、新设,各种不动产、动产的产权转移涉及是否计算流转税,以及货物进项税额延续抵扣等问题。

(2) 企业重组的所得税问题。企业重组若以股权转让、资产转让的方式进行,一般会产生重组损益。企业重组收益,应当缴纳企业所得税;重组损失,可在当期的应纳税所得额中扣除。企业在重组时,若对已有资产进行评估,资产重估价值与原账面价值的差异部分,不作为企业损益。重组后企业的各项资产,除了在资产转让时受让方所受让的资产可按实际受让价计入有关资产账目以外,其他应按重组前企业的账面历史成本计价。如果企业为实现重组而对有关资产等项目进行评估,在重组后会计损益核算中按评估价调整了有关资产账面价值并据此计提折旧或摊销的,应在计算应纳税所得额时进行调整,多计提的折旧或摊销部分不得在税前扣除。企业股权重组、资产转让等,在其重组前后纳税主体没有发生变化,因此,重组前企业尚未弥补的经营亏损,可以在合并后逐年延续弥补;一般企业合并、分立相关企业的亏损不得相互结转弥补,但是适用于特殊性税务处理的除外。例如,被分立企业所有股东按原持股比例取得分立企业的股权,分立企业和被分立企业均不改变原来的实质经营活动,且被分立企业股东在该企业分立发生时取得的股权支付金额不低于其交易支付总额的85%,被分立企业未超过法定弥补期限的亏损额可按分立资产占全部资产的比例进行分配,由分立企业继续弥补。在企业吸收合并和存续分立中,合并(分立)后的存续企业性质及适用税收优惠的条件未发生改变的,可以继续享受合并前该企业剩余期限的税收优惠,其优惠金额按存续企业合并前一年的应纳税所得额(亏损计为零)计算。

(3) 企业重组的其他税种问题。企业重组时订立的各种合同、重新领受的各种证照、延续使用或重新开设的账簿、重组企业资本变化等,应对照税法的规定确定是否被纳入了印花税征税范围,以及如何计税。各种不动产在重组中发生所有权转移、进行过户登记时,需按规定判断其契税征免情况,计缴税款。企业重组所转让的股权属于不动产或土地使用权投资入股形成的,则要缴纳土地增值税。

案例 6-11

基于企业重组的纳税规划方案

振邦集团是一家生产型的企业集团,由于近期生产经营效益不错,集团预测今后几年的市场需求还有进一步扩大的趋势,于是准备扩展生产能力。离振邦集团不远的 M 公司生产的产品正好是其生产所需的原料之一,M 公司由于经营管理不善正处于严重的资不抵债状态,已经无力经营。经评估确认资产总额为 4 000 万元,负债总额为 6 000 万元,但 M 公司的一条生产线性能良好,正是振邦集团生产原料所需的生产线,其原值为 1 400 万元(不动产 800 万元、生产线 600 万元),评估值为 2 000 万元(不动产作价 1 200 万元,生产线作价 800 万元)。振邦集团与 M 公司双方协商,形成了关于资产重组的三种可行方案:

方案一:资产买卖行为。

振邦集团以现金 2 000 万元直接购买不动产及生产线。应承担相关的税收负担为营业税和增值税,按照有关税收政策规定,M 公司销售不动产应缴纳 5.5% 的营业税金及附加,生产线转让按 4% 的税率减半缴纳增值税,并计算资产转让所得缴纳 25% 的企业所得税。

$$税负总额 = 1\,200 \times 5.5\% + 800 \div (1+4\%) \times 4\% \div 2$$
$$+ [1\,200 + 800 \div (1+4\%) - 800 - 600$$
$$- 1\,200 \times 5.5\%] \times 25\% = 207.19(万元)$$

该方案对于振邦集团来说,虽然不需购买其他没有利用价值的资产,更不要承担巨额债务,但在较短的时间内要筹措到 2 000 万元的现金,负担较大。

方案二：承债式整体并购。

按照税法规定，企业的产权交易行为不缴纳营业税和增值税。M公司资产总额为4 000万元，负债总额为6 000万元，已严重资不抵债。根据规定，在被兼并企业的资产小于负债或与负债基本相等的情况下，合并企业以承担被兼并企业全部债务的方式实现吸收合并，不视为被兼并企业按公允价值转让、处置全部资产，不缴纳企业所得税。

该方案对于合并方振邦集团而言，则需要购买M公司的全部资产，这从经济核算的角度讲，是没有必要的，同时振邦集团还要承担大量不必要的债务，这对以后的集团运作更为不利。

方案三：产权交易行为。

M公司先将原料生产线重新包装成一个全资子公司，资产为生产线，负债为2 000万元，净资产为0，即先分设一个独立的N公司，然后再实现振邦集团对N公司的并购，即将资产买卖行为转变为企业产权交易行为。同方案二，M公司产权交易行为不缴纳营业税和增值税。对于企业所得税，当从M公司分设出N公司时，被分设企业应视为按公允价值转让其被分离出去的部分或全部资产，计算被分设资产的财产转让所得，依法缴纳企业所得税；M公司分设N公司后，M公司应按公允价值2 000万元确认生产线的财产转让所得600万元，计税150万元。

N公司被振邦集团合并，根据企业合并有关税收政策，被合并企业应视为按公允价值转让、处置全部资产，计算资产转让所得，缴纳企业所得税。由于N公司转让所得为0，所以不缴纳企业所得税。

方案三的效果最好，一是避免了支付大量现金，解决了在短期内筹备大量现金的难题；二是N公司只承担M公司的一部分债务，资产与债务基本相等；三是振邦集团在资产重组活动中所获取的利益最大，既购买了自己需要的生产线，又未购买其他无用资产，增加了产权交易的可行性。

对于振邦集团来说，把资产转让转化成为产权交易，巧妙地降低了企业税负。值得提醒读者注意的是，该方案有以下两个关键点：

(1) 债权转让行为的可行性。要避免债权人或其他利益相关者怀疑企业分立行为含有逃废债务的目的而不予配合。

(2) 企业分立中会涉及税收负担,税收负担最终应由哪方承担,在操作时要考虑通过价格转嫁税负。

总之,战略管理时代的企业需要清晰持续的战略,企业战略的制定和实施需要纳税筹划活动的配合;而企业纳税筹划工作的长效收益则根植于纳税筹划的战略管理体系。一言以蔽之,企业纳税筹划活动和财税咨询机构的纳税筹划服务,必须由单纯的技术层面提高到战略层次,否则,难以适应企业培育核心竞争力、获得持续竞争优势的要求。企业在进行纳税管理过程中,应该牢固树立这样一种意识,税纳规划不是为节约税收成本而进行的,而是为创造企业价值最大化而进行的。纳税管理作为企业战略管理的一个重要组成部分,它与企业的其他管理活动是相互影响、相互制约的关系,有时某一部门税收成本的减少并不一定等于企业价值的增加。所以,企业在进行纳税方案的设计与选择时,应从企业价值创造这一全局出发,通盘考虑,综合权衡各种因素与结果,时刻以企业价值创造作为一切行动的最终出发点,而不能仅以税负轻重作为选择筹划方案的标准,唯有如此,企业作为一个整体才能够创造出更多的价值。

参考文献

[1] 王敏.中国税制简明例解教程[M].昆明:云南科技出版社,2010.

[2] 刘佐.2010年税制概览[M].北京:经济科学出版社,2010.

[3] 国家税务总局教材编写组.税收基础知识[M].北京:中国财政经济出版社,2009.

[4] 蔡昌.企业纳税筹划方案设计技巧[M].北京:中国经济出版社,2008.

[5] 李杰利.合同管理规范高效操作规程[M].北京:中国时代经济出版社,2004.

[6] 葛长银.领导者税务学[M].北京:机械工业出版社,2005.

[7] 庄粉荣.纳税筹划大败局[M].北京:机械工业出版社,2010.

[8] 苏春林.纳税筹划实务[M].北京:中国人民大学出版社,2005.

[9] 蔡昌.管理也要懂财务[M].上海:立信会计出版社,2008.

[10] 曾建斌.发票业务操作细节[M].广州:广东经济出版社,2005.

[11] 李胜良.发票撷取[M].北京:经济科学出版社,2004.

[12] 潘艳红,高时月.合同签订规范与技巧一本全[M].南宁:广西人民出版社,2009.

[13] 王冰,王博.合同时代的生存:合同签订、履约与纠纷预防[M].武汉:武汉大学出版社,2008.

[14] 宋效中.企业纳税筹划[M].北京:机械工业出版社,2007.

[15] 中国注册会计师协会.税法[M].北京:经济科学出版社,2010.

[16] 蔡昌.税收筹划——理论,方法与案例[M].北京:清华大学出版

社,2009.

[17] 盖地.税收筹划[M].北京:首都经贸大学出版社,2008.

[18] 蔡昌.中国18个税种纳税操作实务与案例精解[M].北京:中国经济出版社,2010.

[19] 梁俊娇.税收筹划[M].北京:中国人民大学出版社,2009.

[20] 计金标.税收筹划[M].北京:中国人民大学出版社,2010.

[21] 蔡昌.管理也要懂财务[M].北京:立信会计出版社,2010.

[22] 蔡昌.理税有道——纳税奥秘与技巧[M].北京:中国财政经济出版社,2009.